第三只眼睛看见

文昊◎编

新疆美术摄影出版社
新疆电子音像出版社

图书在版编目（CIP）数据

第三只眼睛看见 / 文昊主编. — 乌鲁木齐：新疆美术摄影出版社：新疆电子音像出版社，2013.11 （2015 年 4 月重印）（亚洲中心文化丛书）

ISBN 978-7-5469-4433-3

Ⅰ．①第… Ⅱ．①文… Ⅲ．①散文集 – 中国 – 当代
Ⅳ．①I267

中国版本图书馆 CIP 数据核字（2013）第 244660 号

亚洲中心文化丛书　　文昊　主编

本册书名	第三只眼看见
编　者	文昊
责任编辑	高雪梅
装帧设计	党　红　李瑞芳
出　版	新疆美术摄影出版社
	新疆电子音像出版社
社　址	乌鲁木齐市经济技术开发区科技园路 5 号（邮编：830026）
电　话	0991-3773930
发　行	新华书店
印　刷	三河市燕春印务有限公司
开　本	787mm×1092mm　1/16
印　张	11
字　数	121 千字
版　次	2015 年 4 月第 2 版
印　次	2015 年 4 月第 1 次印刷
书　号	ISBN 978-7-5469-4433-3
定　价	29.80 元

目　录

圣地探秘

圣地寻古

"双性石人"现身呼图壁

程 勇

呼图壁县文物部门经过近两年时间的研究和论证，确认在呼图壁县城以南康拉尔沟出土的"双性石人"，属塞人遗存的生殖崇拜物。呼图壁县文物管理所所长张凤祝近日向外界公布了呼图壁县继康家石门子岩画之后的又一重大考古发现。

"双性石人"2003年初出土于呼图壁县城以南的康拉尔沟，高度为60厘米，直径约为20厘米。石人的正面是一个有着女性特征的石人雕像，其性器官占到石人总高度的四分之一。石人的背面被雕刻成了一个成年男性的性器官。"双性石人"也因此得名。

虽然经过了3000年的风雨剥蚀，仍能看出其精湛的工艺。石人的重点表述部分，如正面的女性生殖器以及背面的整体，都经过细致的打磨。这种雕像的打磨处理方式，是世界其他生殖崇拜的雕塑中所不具备的。

张凤祝研究后认为，"双性石人"距今约2500年至3000年，其寓意与康家石门子岩画基本相符，且两者相距很近，很可能这里曾是塞人开坛设祭的"圣地"。

康家石门子岩画20世纪80年代末期被媒体报道后引起了世界考古界的强烈关注，有关专家甚至把康家石门子定义为"世界裸体艺术

1

的发源地"。

"双性石人"与康家石门子岩刻画同出自塞人工匠之手的结论,最初只是缘于一个猜测。由于在康家石门子出土的文物并非都出自同一年代,在无法确认"双性石人"属于什么年代之时,只能从石人与岩画的取材、制作工艺、艺术风格等方面的研究入手。

据张凤祝介绍,最初的研究是从石人的取材上着手的。通过检测,石人的石质与康家石门子岩刻画所在山体的石质完全相同。而石人与岩刻画所表现的主题内容也是一致的。

2004年初,张凤祝等人在拿着石人的图片与康家石门子岩刻画的图片作细部对比时,突然发现石人的面貌与岩刻画中"猴面人"的面貌有惊人的相似之处,几乎出自同一人之手。只不过,岩刻画中的猴面人有很明显的男性特征。

双性石人被发现后不久,在康家石门子康拉尔沟周边又出土了一批塞人的重要文物,其中有一个极其简单的工具。这个极其简单的工具,最终证明石人与岩画系出同源。

"这样的双性同体雕塑举世罕见。"张凤祝说。虽然生殖崇拜这种原始崇拜在世界各地都曾经出现,关于生殖崇拜的各类图腾也并不少见,但就外形而言,呼图壁县出土的"双性石人"是独一无二的。

阿艾石窟

王 正

要说宏大，四大石窟中，该是甘肃敦煌莫高窟吧？那是十几个朝代，用榔头、铁钎、泥土、纤维、色彩……写成的一大厚本佛教的巨著。

要说神秘，龟兹石窟中，该是新疆库车克孜利亚大峡谷中的阿艾石窟吧？那是在天山的神秘大峡谷中，要攀上35米高的悬崖绳梯，才能找到的一个神秘的去处，乃双倍的神秘。一首佛教的朦胧诗。

莫高窟开凿在甘肃敦煌东南鸣沙山东麓的断崖上，看上去并不高，也就是几层楼房吧，不高就显得亲切，一位沧桑的历史老人。阿艾石窟却藏在红色的峭壁上，是红色的摩天悬崖上一扇不打开的窗户，一扇要挣脱人间，沿着峭壁飞升的、似乎是可望而不可及的神灵。

千年荒漠古城敦煌的闻名于世，像是一篇散文，是道士王圆禄在清理积沙时，无意中发现了藏经洞而肇始的，这已经是一个世纪以前的事了。这篇王圆禄写的散文送走了一个世纪。就在1999年4月的一个值得画上惊叹号的日子里，叫阿不来提·买买提和托尔提阿孜的维吾尔族牧民，攀着陡崖峭壁采药，在一簇簇密集的草丛后面，这才发现了这个叫阿艾石窟的地方。这是一首全是惊叹号的诗。因为龟兹古国的窟群中，一个"新生儿"呱呱坠地了，用它神秘的诉说，迎来了新的千年，揭开了龟兹古国千年的历史面纱。

阿艾石窟的色彩、线条和文墨，透出了新的信息。四分之三侧视的画法；窟中人物不是清风瘦骨，而是丰腴肥硕；汉文的题记，已是魏碑向楷体、欧体的过渡了……这种彰显了中国画绘画技法成熟期的标志性特征,这种佛教人物画风格,都只在唐代中期才出现在宗教壁画中,而书法体的过渡,无疑也是唐代的书法遗风了……

一个典型的汉风石窟。

此前那些壁画漫漶不清的汉风洞窟,它们诉说的声音有些沙哑,而这个叫阿艾石窟的"新生儿",却叙说出了清晰的脉络。

它告诉人们,一条佛教的丝带,由南亚次大陆飘落西域,再由西域飘落中原。

一颗颗文化融合的珍珠,在这里串结。这些珍珠又沿着这条丝带再抖落西域,叮咚落地,传出了种种文化多元交汇的信息。这条丝带教会了世人怎样对待和书写历史。这条美丽凝重的丝带,永远挂在了这块中亚腹地上永不闭幕的多元文化的博览会上了。

"丰富的物产,繁荣的街市,浓郁的宗教氛围,还有对管弦伎乐的热爱,这些构成了龟兹信仰与世俗生活交织的图景。以吐火罗人为主的龟兹居民在信仰佛教的同时也不忘纵情享乐。国王身着锦袍坐在金狮床上,饲养孔雀成为一种风气,妓院是公开化的,受到国家的保护,葡萄酒总是大桶大桶地享用;人们在酒窖里日夜酩酊大醉。"

"这个王国潜伏的危机很快就暴露出来。"(沈苇:《新疆盛宴》)

历史不是凝固的,它总是从一个阶段走向另一个阶段,谁说了也不算。突厥、吐蕃、回纥来了,酒窖中酩酊大醉的人们清醒后一身冷汗,寺院里缭绕的香火仅余下一丝袅袅青烟……一段鼎盛的历史就这样结束了。阿艾石窟也经受了神秘大峡谷中的清冷和孤独。窟壁上的"洋冈孜"(维吾尔语意为妇女。发现者阿不来提·买买提的话)俏丽鲜艳的裙衫也褪去了色彩……

只是不知道阿艾石窟如何向人们诉说这段历史?虽说石窟在 35 米的绳梯之外修了栈道,修了两间平房的客栈,但开业以来鲜有人住过。因为这里"白天,地面会突然升起一团白雾,状如《易经》中的阴阳鱼,并快速滚动、消失。到了晚上夜深人静时分,你会听到峡谷内传来人的脚步声、说话声、歌声。他们说的是一种古老的现代人难以听懂的语言……

有人解释这是一种物理现象。峡谷如同一盒磁带,记录了过去的声音,遇到了一定的条件(气温、光线、湿度等)又播放出来"(引用同上)。

阿艾石窟的"播放",人们宁愿信其有。因光历史的"播放"是一定的,差别只是"播放"的形式。在公元 2005 年的金秋,在这个龟兹古国,新的"播放"的形式就出现了。一个关于龟兹学的国际会议在这里召开了。在新的千年里,人们对龟兹肯定会有全新的解读。在这次龟兹学的学术会议上,这个地区的最高长官在他的贺词中说:龟兹学应该成为国际上的显学,这是这个地区重大的规划举措。他欢迎专家们每年踏上这块土地,每年带来新的学术声音。从京都赶来的开拓大腕,主张把象牙塔里的学术,解放到民间。

阿艾石窟神秘的"播放",在新的千年里,找到了新的形式,说明历史不凝固而流动。它永远伴随着不能摆脱的、最高的、不可把握的形式。

告别阿艾石窟,走出洞口,眼前开阔起来。郦道元《水经注》里的东川水(现在叫铜厂河),蜿蜒出历史的绵长;雀尔塔格山裸露着历史的凝重。眼前的豁然开朗向我提问:就在这里,就在这片广大的西域,新一轮的文化交流和沟通,会以怎样的强度展开? 我不能回答。在人类新的千年里,太阳也许将从西部升起?(一位自称为最后一个匈奴的著名作家的话)

我只知道,百年之后,我不在了。

但,西域还在,阿艾石窟还在。

对它们,我只有敬畏。

艾斯克霞尔驿站

茹 青

维吾尔语"艾斯克霞尔",汉语的意思是"破城子"。但是,艾斯克霞尔驿站,可不是什么"破城子"。虽然,千年的风霜使它已经破败,但它至今依然庞大、高耸。它是古丝绸之路北道通向楼兰和吐鲁番的一处重要驿站。

艾斯克霞尔驿站正南1千米处,是库如克果勒河古河道,20世纪80年代还有水,现已干涸。古丝绸之路上的商队,就是沿着库如克果勒河古河道,来到艾斯克霞尔驿站的。他们在此休整、补充给养,或到其正北50千米外的拉甫却克城(古伊吾城)易货、治病,然后返回艾斯克霞尔驿站,沿库如克果勒河向西160千米,至古丝路北道中的又一驿站——避风驿,再西行160千米,就到达了古丝路北道著名重镇——交河故城。

艾斯克霞尔驿站的建筑风格类似城堡,分三层,依山而建,层层叠叠,错落有致。今天我们站在艾斯克霞尔驿站前,看到它陡峭、壁立的城墙,依然无法想象,先民是怎样把打成的土坯,垒成这样高大、笔直的城墙的? 而且,在驿站下方有一暗道,可储藏食物与蔬菜,现已被沙土掩埋。看来,很早以前,我们的祖先就懂得如何低温冷藏蔬菜了。

距艾斯克霞尔驿站东北150米处,有一古墓群,挖掘出许多文物。棺木经[14]碳测定,有上千年的历史;干尸属高加索人种,金黄头发,高鼻梁,与焉不拉克出土的7具干尸人种基本一致。这说明,在距今3000

年的古代，黄种人和欧洲白种人曾在哈密绿洲共同生活过，并一起创造了绚丽多彩的哈密史前文化。

那个遥远的年代，在艾斯克霞尔驿站的旁边，已经有了五堡、焉不拉克绿洲，就开始出现了袅袅炊烟，就有了宽阔、清澈的白杨河，浇灌出这片肥沃的土地。在日出而作、日落而息中，这一带生活的先民已开始种植大麦、糜子。为了减轻劳动的艰辛，提高农作物的产量，在土墙根旁，他们孜孜不倦地制造了石锄掘土器、木锹、木桶、木碗，还制作了石磨盘。他们收取了植物的种子，用石器磨碎，制作出香喷喷的烤饼、燕饼、蒸饼、糜粥饼。为了保暖，也为了美丽，他们还能用骨针把搓出来的红、褐、绿、黑等色的毛线织成条纹、格纹布的衣服。他们用黏性极好的泥土，打成土坯，修建自己的艾斯克霞尔、焉不拉克古城堡。有了家园，笑声就变得更加清脆，爱情就变得更加甜美。女人在河边洗衣服，孩子在河边嬉戏，男人在田地耕耘，鸽子在天上飞。3000 年前，哈密就有了原始农业文明。人们不用再单纯地去打猎，不用再寄居于树林里、洞穴中，不用再吃半生不熟的肉，由野蛮走进了最初的文明。

时隔几千年后，艾斯克霞尔古人、焉不拉克古人，在他们的头领归遗的带领下，在这里向周穆王献牛、马和骆驼。周穆王则把中原先进的农业文明的标志——铁器、青铜器留了下来，同时也留下了中原文化。

沧海桑田，艾斯克霞尔驿站已没有了绿色，但它高大、壮丽的古城堡，至今能让人遐想它曾经辚辚如雷的车轮声，首尾相望、逶迤几里的驼队的繁荣昌盛的景象。

白杨沟大佛寺

茹 青

　　阳光下的白杨沟大佛寺遗址,像从历史的苍穹飘落下来的圣殿,依然佛光普照。

　　白杨沟大佛寺遗址,在哈密市西郊 59 千米的柳树泉农场白杨河的上游。白杨沟大佛寺是哈密市入选的两个国家级文物保护单位之一,是哈密年代较早,规模最大的一座寺院,是哈密佛教鼎盛时期的代表性建筑。根据考古发现和文献记载,白杨沟大佛寺曾高达 18 米,大殿恢弘气派。

　　白杨沟大佛寺遗址的周围有十几个佛洞,内有佛龛。其中 11 个佛洞内还有残存的佛教壁画。最为壮观的是大佛寺,不仅有残存佛龛,还有一座大佛。大佛高 10 米,坐东朝西,拱顶虽已坍塌,但残高仍有 15 米。这原是新疆最大的泥塑坐佛。仰视大佛,让人不禁肃然起敬。

　　白杨沟大佛寺附近,还有在断崖立面上凿出的石窟。有的石窟前面接砌前室,有的是在与断崖相接的台面上用土坯砌建成窟。石窟内壁均涂抹草泥,并有彩色壁画。现在,一些保存较好的石窟,大都集中在白杨河西岸。沿着白杨河向南,到拉甫却可古城,一路有恰甫禅室、央打可佛寺、甲郎聚龙禅室等遗址。不过唐朝时的地面,现在已埋在 50 厘米的地下。

　　站在白杨沟大佛寺遗址前,第一感觉就是夯土的厚重和苍凉。根据史籍记载,白杨沟大佛寺在魏晋时期就有了。唐贞观元年,大唐高僧玄奘穿过茫茫戈壁、八百里流沙到了哈密,在庙儿沟休整之后,便来到白杨沟大佛寺讲经、说法十日,教授大乘教,弘扬佛法。白杨沟大佛寺在玄奘走后,香火越来越旺,规模也越来越大。在伊斯兰教传入哈密之前,佛教之风在哈密甚浓,这也缘于玄奘的教授之功。现在,早已不闻悠悠晨钟暮鼓声,只有青山依旧在,几度夕阳红。

白杨沟大佛寺附近的村民,经老人们口口相传,说是遗址所在的位置,曾经有大片的白杨林及其它树林,非常茂密,白天望里面也是黑森森的,放羊的小孩子不敢进去。现在,这里的树木已被砍伐殆尽,昔日景象已彻底消失。这段历史引起我们深刻反思:文化遗产的保护,生态环境的保护,都不应该丢弃。

沧桑百年回王府

陈代华

我是第一次走进重建后的哈密回王府。

沿着 57 级台阶走上 8.5 米高的王爷台，脚步一点点凝重起来，一段沧桑的历史似乎离我越来越近。

300 年前，7 位从北京城来的汉族工匠跟在服饰华贵的一世回王额贝都拉身后，穿过河西走廊，越过茫茫戈壁来到哈密。7 年后，一座融合了汉、维、蒙、满等多民族建筑风格的宫殿在原蒙古王府的基础上建立起来，这就是哈密回王府。紫禁城的飞檐楼阁、苏州的园林、太湖的山石簇拥而成的一座雄伟辉煌的宫殿，让当地习惯了蒙古式盔顶、伊斯兰月牙建筑风格，看惯了黄土、飞沙的人们惊为天堂。据《西疆杂述诗》卷二载："王府在城东隅，附墙筑台，高出城墙。头二门内正宅三层，皆在平地；宅之右，拾级而登，台上屋舍回环，则园林在焉。庭台数座，果木丛杂，名花异草，盆列成行……"

回王府经过四世、五世、六世哈密回王的不断扩建和修缮，到末代九世回王沙莫胡索特时期，回王府占地面积已是整个哈密回城的四分之一。《哈密地区志》描述：正门是门楼，飞檐起脊，木镂雕花……大堂两边有 6 间房子，为卫队岗哨住所……从大堂到王爷台共有 300 间房屋。从门楼到大堂楼有房子 100 间。在高约 3 丈的王爷台上，亭台楼阁，错落有致，绿荫丛中，金碧辉煌……府第共有大小门楼 9 重，其中有兵营、粮库、接待站等。与王爷台相对的地方是一座大型的花园，花园完全按照苏州园林的布局设计。

1931年,这座被认为是新疆历史上占地面积最大、规模最宏伟、融合了多民族建筑风格的宫廷建筑成为一片废墟。据说大火整整燃烧了41天。然而,究竟是失火还是放火,是因为农民暴动还是国民党军队垂涎回王的财宝,众说纷纭,已难以考证。

重建的回王府距离原址不远。考虑到城市建设的需要以及拆迁难度大,回王府重建选择在了哈密市东北角回王陵的旁边。目前修复的王府只是当年的主体部分,叫王爷台,是哈密回王办公、生活、居住的地方,其中包括家眷的居室。王爷台占地6500平方米,共有13间房。根据多年来一直搜集回王府建筑资料的王天裕老人说,重建的王爷台还不及以前回王府的五分之一大,王爷台上应该有30多间房。当年见过回王府的老人们说,王爷台比回城的城墙还要高出6尺,人们往往没进回城,大老远就能看见王爷台上的蒙古盔顶式箭楼。

朱红的大门镶满铜钉,跨过王府的第一道门槛,先见到一面照壁,这里也叫做暗堂。解说员杨山告诉我,其实当年王爷台的照壁还在里面,一面是旭日东升,一面是猛虎跃岗。

转过暗堂,王爷台上大大小小的殿堂一览无遗,当地人喜欢管四角的箭楼叫做"四不像",因为这是最具有多民族风格的建筑:伊斯兰风格的尖顶,下面是蒙古盔顶,立柱和底部则是满汉风格的雕梁画栋。

王爷大殿面南背北,威严肃穆。左侧是王妃殿,右侧是王爷寝室。传说王妃殿下有地窖,藏满了金银珠宝。王爷寝室正顶镶有一枚直径10厘米的宝石,四周八角形的玻璃宫灯将殿堂照耀得金碧辉煌。

王爷寝室的门外是专供王室成员做礼拜的清真寺,这里只是两间普通的平房,装饰得优雅清净。而到了九世回王沙莫胡索特,这个喜欢奢华的王爷将寺院修整成为现在亭式的模样。

王爷大殿正对着台吉殿。台吉相当于王爷的秘书,负责会计、文秘、通事、生产、行政、保卫等工作。当年,王爷台除哈密王和家眷外,只准台吉在此办公,其他人一律拒之台下。

所有的殿堂现在都是空空荡荡。据哈密市王府旅游公司总经理严化文向记者介绍，哈密市正准备投入巨资搜集散落在民间的回王府遗物——桌椅家具和一些陈设，尽力让回王府内部重现当年的模样。目前已经了解到大约 300 件王府文物的确切收藏者，将来，回王府会成为一处记录哈密回王历史的博物馆。

顺着王爷台上城楼般的围墙向外俯瞰大地，依然能感受到这座集多民族建筑风格的回王府曾有的恢弘气势与庄严。清代一位诗人曾这样描绘这座宫殿："野阔山深十万家，王宫台榭旧繁华。"其中的"旧"字让人嗟叹不已：历史是如此容易淡忘。今天，见过历史上回王府的人仅剩一位叫做艾依仙木·尕依斯的百岁老人了。古老的回王府和回王府的故事留下的只是现在这个用钢筋水泥复制的回王府景观和一些残缺不全的记忆碎片。

古代中亚草原的黄金崇拜

李桥江

目前，在新疆牧区有关草原古墓主人的传说主要有两种：一种说法是草原古墓是乌孙人的墓葬；另一种说法则是突厥人的墓葬。

从民间传说到史料记载以及近代的考古结果，都让我们有理由相信古墓黄金宝藏的传闻是真的。

前苏联时期的考古专家在发掘工作中掌握了大量的史料，基本上揭开了草原古墓的真相：中原人崇尚的是玉，而西方人崇尚的则是黄金。

在新疆北部的草原山野之间，埋藏着许多大小不一年代久远的古墓。这些神秘的古墓有的像小山一样耸立在野草萋萋的草原上，有的像随意堆砌的石堆与苍茫的大山融为一体，而有些则像成片连块的石圈，长年累月地藏在了时间深处。

还在 2002 年夏季的一天，我在北疆一个叫沙孜的草原采访。夕阳西下，沙孜草原弥漫着浓烈的草香气，大群牛羊在草原腹地的三座小山旁边悠然自得地吃草，一位正在放牧的牧民用神秘口吻告诉我说：那是三座古墓，传说里面有黄金。

其实在这之前，我曾不止一次听到过牧民们关于草原古墓里埋藏有大量黄金宝藏的传说，有的人甚至说里边黄金多得要用很多峰骆驼才能驮动，听起来免不了让人耳热心跳。这些围绕草原古墓黄金宝藏的传说是真的吗？草原古墓中都是些什么人哪？

夕阳、黄金、古墓、畜群以及充满野性色彩的大草原，不禁让我想起那些年代久远的历史传说。从那时起,我就开始怀着浓厚的兴趣关注这些草原古墓,并收集草原古墓黄金宝藏的有关信息。

近日,我来到自治区考古研究所,得知考古所抢救性地发掘伊犁河谷草原古墓工作从 2002 年起,到现在仍在进行中,而此次的采访将为读者了解传说中的草原古墓的黄金宝藏开启一条时光隧道。

草原古墓黄金宝藏传说真伪

多次前往中亚地区进行访问研究的新疆考古所研究员吕恩国,一直对草原古墓埋藏有大量的黄金之说深信不疑。

他告诉我,截止到 2006 年,考古工作人员已经在伊犁河谷挖掘出了上千座草原古墓,这在世界中亚考古史上也是史无前例的。但遗憾的是他们寄予很大希望的贵族墓葬,出土的文物却非常少。因为盗墓者在很久以前早就洗劫了古墓,他们的目的就是盗走古墓中随葬的黄金。

早在 1993 年,吕恩国在哈萨克斯坦进行访问研究,正巧赶上 1978 年苏联考古工作人员在展览从伊塞克古墓群发掘出来的金器。从斯基泰人古墓出土的 8000 多件金器,琳琅满目地占满了整座展厅,一下子轰动了世界。2004 年,中亚斋桑泊地区考古发掘过程中再次出土了大批斯基泰人的黄金。

据了解,最早记录中亚黄金宝藏的人是被后人称为"历史之父"的古希腊历史学家希罗多德,他在公元前 4 世纪完成的《历史》一书中就记载了有关斯基泰人的一个传说。希罗多德认为阿尔泰盛产黄金,阿尔泰的黄金是由狮身鹰头兽格立芬守护的,格立芬应该是斯基泰人。

无独有偶,我国在伊犁河谷也曾发现过古墓黄金。那是在 1997 年,昭苏县某筑路队在波马修筑公路时,工作人员无意间用挖掘机在一座已经挖掘过的古墓附近挖出了大量的金器。但随后就发生了民工恶性哄抢事件。后来有关部门通过强制收缴,仅得到 80 余件金器。但是,考古工作人员在对古墓随后的清理发掘中却发现古墓挖掘现场没有发现墓葬。谁会在一个不相关的地方埋藏下这么多的黄金呢?

从民间传说到史料记载以及近代的考古结果，都让我们有理由相信古墓黄金宝藏的传闻是真的。

谁是古墓黄金的主人

要想揭开草原古墓黄金传说之谜，就一定要确定历史上谁曾经主宰过阿尔泰山脉，也就是一定要确定谁是古墓葬的主人。

阿尔泰山脉是地处中国、俄罗斯、哈萨克斯坦、蒙古交界处的山脉，自古以来就以盛产黄金著称。阿尔泰在突厥语中就是"黄金"的意思，直到现在阿尔泰依然有着金山银水之说。我的一位阿勒泰朋友曾讲述过这样一个传说：在 20 世纪 90 年代以前，阿勒泰人口袋里如果没有钱了，他们背上食物进山走一圈，回来时口袋里就一定会鼓鼓的。这种说法虽然有夸张的成分，但至少也提示我们，阿尔泰山脉的黄金在开采了数千年之后，依然无愧于"金山"的称谓。由此让人们不难想像到在 2000 多年前，阿尔泰山脉的黄金蕴藏是多么丰富。

目前，在新疆牧区有关草原古墓主人的传说主要有两种：一种说法是草原古墓是乌孙人的墓葬；另一种说法则是突厥人的墓葬。乌孙人和突厥人都曾经是游牧在新疆以及中亚地区的古代民族。《汉书》记载，乌孙社会"不田作种树，随畜逐水草。"乌孙游牧政权，东与匈奴毗邻，南与天山地区城郭诸国相接，西与大宛、北与康居接界。在史料中突厥人的出现则晚于乌孙。

那么黄金宝藏到底是不是乌孙人留下来的呢？

2004 年 6 月，吕恩国带队在伊犁河谷草原古墓群中发掘出一座深 6.4 米、直径 61 米的大墓。此前，发掘的贵族墓全部被盗掘，并且是多次被盗掘。出土物较少的现实，让考古专家多少都有点沉不住气了。吕恩国指导着随行实习大学生们，首先将古墓的一半清理出来，卵石下面是黄土，古墓的剖面没有任何异常情况。随后他们将整个土堆清理掉，平整的地面上露出了个宽大的墓口。顺着墓口向下一层一层地清理，大约清理到 1 米左右，墓室墙壁上出现了烟熏火燎的痕迹。吕恩国有些失望:很可能又是一座没有出土文物的空墓,除了盗墓者还有谁能够在墓室里放火呢?

随着墓室清理工作深入进行,发现盗墓者留下的盗洞多达3个,当墓室完全暴露在阳光之下，巨大的墓室内壁上烟熏火燎的痕迹让考古工作者们推断,正是由于着火的原因而导致了墓室的塌陷,而纵火的原因可能是当盗墓者费了很大气力打通墓穴,发现有人早已经捷足先登,他们出于泄愤才点燃了墓室。

但收获还是有的,墓室里众多锈渍斑斑几乎分不出形状的铁器,让考古工作者断定:古墓应该属于塞克后期或乌孙的早期墓葬。

黄金崇拜

远古人对太阳充满了狂热的崇拜,在他们看来,只有太阳才能给人类带来光明,而黄金与太阳一样,都散发有相似的神秘光芒与色彩。因而他们相信,闪烁着灼灼光芒的黄金就是太阳的化身,拥有了黄金就拥有了太阳,拥有了至高无上的权力与财富。

因此，古代的君王都要身披黄袍,用贵重的黄金来装饰自己的宫殿。他们希望自己能像太阳一样普照大地,一统天下。

中亚草原贵族古墓出土的大量随葬黄金，正是体现出了草原先民对黄金的崇拜和敬畏之情。

大约在铁器时代早期,随着社会分工以及阶级的出现,黄金这种被古人赋予了浓厚的图腾色彩的金属,成为人们交易过程中通用的货币,因而,黄金的货币价值开始大于其图腾意义。

考古是为了补正历史。因而,考古工作者关注传说中的黄金宝藏,与一般人所关注的出发点是不同的。正如吕恩国所说的:"一般人关心的是古墓发掘出的黄金有多大的经济价值，但对于我们这些考古工作者来说,更关心的则是随着黄金出土所带来的那些有价值的信息。"

目前,来自北疆草原古墓的民间传说有很多,但我国对草原古墓的研究发掘时间却很短。而我们的邻国前苏联在沙俄时代就开始着手研究中亚文明史了，特别是前苏联时期的考古专家在发掘工作中，掌握了大量的史料，基本上揭开了草原古墓的真相，那就是中原人崇尚的是玉，而西方人崇尚的则是黄金。

神 秘 隐 穴

吕恩国在哈萨克斯坦考察期间了解到，伊塞克古墓出土的大量黄金制品并不是从主墓中出土的。同时，前苏联考古人士做出了大胆的猜测：早期草原古墓中如果还没有被盗的，那么随葬品中一定会有大量的黄金存在。后期墓室的规模虽然很大，但主墓室却很少有贵重的物品。除了隐穴他们还能将宝藏埋在什么地方呢？当大量的财宝被埋入地下，将不可避免地引起一些人心存非分之觊觎之意。为了免遭洗劫的命运，人们开始用种种假象迷惑盗墓者。现在，伊塞克古墓和昭苏县波马古墓中出土的黄金恰好印证了考古人士的推测。

正像我国目前正在进行的伊犁河谷的考古发掘一样，可以肯定的是，早期伊塞克贵族墓葬，只要没有盗墓者光顾，就会有大量的黄金出现。但是，没有盗掘过的古墓几乎微乎其微。盗墓活动的猖獗，让塞克人不得不多加防备。于是就有了隐穴之说。正如伊塞克古墓葬出土的金器是因为洪水的冲刷才得以重见天日，而昭苏县波马突厥古墓出土的金器同样是出于偶然的因素，相信类似的情况肯定还会发生。

古墓依旧神秘

伊犁河谷草原古墓的考古发掘是一个复杂的系统工程，发掘的数量虽然很大，但相对于新疆北疆地区数以万计的草原古墓而言，此次发掘工作只是揭开了古代新疆文明史的冰山一角。

正如吕恩国所说："从此次发掘情况来看，证明水草丰美的北疆草原上有多个草原民族生活过。有史可考的曾经生活在伊犁河流域以及其他北疆地区的草原先民还有月氏、匈奴、乌孙、突厥等民族。新来者总要占据旧有者的地盘。同时,新疆历史上随着草原游牧民族的迁徙,民族之间存在大量的融合现象,其间还存在许多相关的问题,要想在短时间内揭开古墓黄金的秘密,显然是不现实的。"

此次发掘材料中显示,伊犁河谷草原古墓至少使用了上千年,既有史前时期塞种人的墓地,也有年代较近的突厥古墓。但可以肯定的是,散布在北疆草原上绝大多数的巨型土墩墓中,石围墓是塞克和乌孙人留下的,而且大墓肯定有埋藏宝藏的隐穴,只不过我们还没有发现而已。

随着新疆考古研究工作深入有序地进行,相信将会有更多史前游牧社会的秘密从古墓中显露出来,其中就包括现在人们所关心的草原古墓黄金宝藏。

古老的陶器文化

张爱民

陶器的发明是人类进入文明时代的重要标志。陶器是平凡而非凡的古代文物。当我们走进丝绸之路博物馆,会被一个个新疆出土的陶器所吸引。

静静摆放在橱窗里的大量人头陶罐和各式各样的彩陶泥俑人物摆件,仍保留着新石器时代晚期马家窑文化的浓厚气息。汉代出土的各式各样的陶器,表面和图文都还光洁鲜亮。一件件陶器的材质、色彩、图案形状的变化,使人遐想,丝绸之路的文明就是这样一代代地在进步传承着。

我们知道,陶器的发明使人类第一次通过自己的劳动,改变了物质的结构和性质,即通过化学变化,创造出来一种新型物质。陶器的出现,显著地改变了人类的生活方式,给人类社会带来了深刻的影响,并成为人们最广泛使用的生活资料。在新疆出土的大量陶器中,最有特色、最具吸引力的是绚丽多彩的彩陶器。这些彩陶出现的时间,约在距今3000年前左右,相比中原地区较晚,但延续的时间较长,从新石器时期至金石并用时期。这在西汉时期的古墓中有发现。

那么,什么是彩陶呢? 它是特指那种在陶坯上施绘花纹,然后随陶器一同烧制而成的、绘彩固定在陶器上不易脱落的陶器。彩陶器既是古代人类社会中的日常生活用具, 又是人类原始文化中极其珍贵的艺术品。考古学者们对长期积累起来的彩陶考古资料比较研究,特别是从考古学文化的角度加以研究后，可以看出不同时期、不同地域、不同文化的彩陶呈现出各自的特点。这主要指两个方面：一是彩绘形式，一是器型形式，二者是相关相成的。

从大量出土的陶器中，可以看出新疆的彩陶多圜底单耳的器型，主要有陶罐、陶壶、陶杯、陶盘、陶钵、陶缸、陶豆等，陶质不佳，制作也较粗糙，但彩绘比较盛行。圜底器与沙地有关，适于使用。新疆彩陶的基本格调大多是在器物表面上施一层红色陶衣，再绘黑彩、红彩或紫色彩。花纹似以三角纹为母体，有大倒三角形的网状纹、波浪纹、条带形的线条或网格，也有波折线、方格纹、竖条纹、平行短纹以及草率的曲线纹、变体几何纹等等，一般图案简单，造型美观大方，纹饰简练鲜艳，少见写实性象形图案绘制风格显露出淳厚质朴之美。这些多样化的色彩纹饰，反映了新疆原始文化多彩的风貌。彩陶器既能作为艺术品来鉴赏，又很实用。你看那彩陶罐带一只耳，或是柄或是把手，造型淳厚朴实。在罐的外表，用红与黑最佳配色勾出粗犷、大方的三角、条带和漩涡形的花纹。陶豆在古代曾做过容器，也演变出了中国最初的灯。高高的柄上托一只盘子，外表装饰图案也是粗朴的风格，让人感叹的是红与黑色，被当今认为是最和谐最美的搭配色，而在两千多年以前的古人就已认识到，并加以应用了。

新疆出土的这些彩陶，无论从器型，还是从图案到制作方法，都留有马家窑文化和齐家文化的余痕，毫无疑问是承袭发展的结果。尽管新疆彩陶缺乏精致，但其二三千年的古老历史，不仅说明了新疆自古与内地有紧密的联系，而且从艺术性上说，它显然继承了中国彩陶艺术里的灵性。这些简单的色彩通过和陶色的配合、组合、搭配、变化，建构出了奇妙绚丽、多姿多彩的彩陶艺术。

陶器文物在博物馆里是极为生动、丰富多彩的，历代的陶塑品都最为引人瞩目。各种器皿展示的是人类基本生活的发展轨迹，在上面承载的不仅有历史，也有艺术。陶器最接近普通人的生活，最接近生活的艺术是最伟大的艺术。

彩陶那特有的艺术魅力，历数千年而不朽，成为古陶器中的瑰宝。

探访龟兹左将军刘平国摩崖

龚喜杰　张玉梅　李晓军　刘斌

从拜城县城出发向东北驱车一百多千米，有龟兹左将军刘平国摩崖。

龟兹左将军刘平国摩崖又叫刘平国治路颂、刘平国治关亭诵、龟兹刻石等。这是西域都护府龟兹左将军刘平国带着6名秦人（汉人）和羌人筑关修路后，在旁边的石壁上刻下的一段文字，记叙在此凿岩筑亭、修建关隘的事迹。

这处摩崖石刻距地面1.8米，石上刻有汉文隶书，全文共8行，105个字，其书大小参差不齐，多用圆笔，看似不经意而饶有古逸之趣，较之历史上有名的《西狭》《石门》诸刻，更为宽博疏放。

石刻由于长期自然风化侵蚀，加之后人在崖壁前修筑水渠，导致水位抬高，致使这块石刻被淹埋在泥沙之下。现在，这块石刻地面上的部分只留下一些模糊的字迹。

最早发现这处石刻是在清光绪五年，即公元1879年夏。时清代治河名臣、广东陆路提督帮办新疆军务的张曜派遣军士去查探翻越天山的捷径。行至赛里木乱山中时，一名军士迷了路，无意中发现岩壁间微露凿痕，纵横似有字迹，归队后告诉了同伍。

当时张曜的幕僚施补华听说后，骑着马，带着粮秣前来考察，得知这是一处后汉时期的摩崖，立即制作了拓片，以传后世。

此后，不断有文人墨客到此访古，做了不少拓片，轰动了京城。因为是汉代隶书真迹,具有史料和书法双重价值,不可多得,所以就有军官、地方官和商人争相前来拓片。1928年,我国著名的考古学家黄文弼曾经到这里查看过,可惜在他到来之时,上面的字迹已经模糊了。

就在西崖刻石附近,黄文弼发现了一些石孔,这些石孔深约1.3米。在沟东半山崖,也凿有石孔,崖下碎石甚多,他推测为凿石的遗屑。在黄文弼的文章中,记叙着"古人在此建关,在岩石上凿孔以安木闩或栅栏,日开夜闭,以稽行人,御外敌……"等文字。

在西域设立关卡,是汉武帝时期保卫国家、疏通商道的重大举措。

汉武帝统一西域后,因为西域地域辽阔,要加强各地与中原的联系,从敦煌开始向西设立了不少关亭。西汉大臣桑弘羊等在给汉武帝的屯田戍边建议中力陈,一边在库车等地屯田积谷,一边"稍筑列亭,连城而西,以威西国,辅乌孙。"

黑英山位于天山南麓克孜尔河上游,是通向天山北坡的要道,乌孙使臣就是从这里经龟兹而去汉朝的。同时这里也是古代匈奴势力出入的要道,可谓兵家必争之地。汉朝守军就在天山以北和盐水沟的克孜尔尕哈吐尔、伊希哈拉吐尔等地建关设卡,附近还有石砌的烽燧。

如今,在盐水沟仍有古代戍堡遗址数处,高三四米,均在盐水沟西岸石壁上。据说这是唐朝设的关隘。

在博孜克日格沟口两山最近的地方,崖壁上凿下的孔洞依然清晰可见。笔者站在历史遗址前,当年修筑城垒、设置关卡以保护交通要道和稽查来往旅人商家的画面仿佛在脑海中闪现。

此地作为汉代新疆南部通往伊犁河流域的交通要道之一,20世纪50年代,新疆文物考古工作者对这处遗址进行首次调查,1957年将其确定为第一批省级重点文物保护单位。

2002年7月下旬,一场百年不遇的洪水侵袭拜城县,刘平国摩崖遗址也同样未能幸免。洪水卷带的碎石给这处十分珍贵的摩崖遗址带来了难以挽回的损失。目前,这处摩崖遗址的刻字痕迹已经很难全部辨认清楚。

值得庆幸的是,拜城县文物管理部门制订的龟兹左将军刘平国摩崖石刻遗址维修方案,已通过新疆维吾尔自治区文物管理局的审核,目前保护工程已经全面启动。

古代置关原则是"关必据险路",因为关为"诸暴之所",选址必"临水挟山,当川限谷,危墙深堑,克扬营筑之势"。博孜克日格沟口的地形恰是"临水挟山"的交通要道,设立关卡势在必然。

据专家考证,刘平国摩崖遗迹的刻字时间为东汉永寿四年(公元155年)八月十二日,距今已有1800多年的历史。其附近还有一处"敦煌淳于伯作此诵"的石刻,以及汉代石垒遗迹与古城废墟。

历史将这里曾经的喧哗拂去,将这里曾经的故事埋藏,而历史又将让这一切复归。

从崖刻上可以看出,在我国古代就有着多民族融合的传统。因为守边卡的6位勇士当中,至少有两位是羌族人。羌是殷人给取的名字,甲骨文"羌"字从羊从人,是牧羊人,或穿羊皮褂的人,或以羊为图腾的人的象形和会意。羌人自称"玛,"或"尔玛"。羌族有着悠久的历史。早在三千多年前,商代的甲骨文中,已记载着羌人活动。商、周、秦、汉历代文献,记载着羌人活动的地理位置,大都在河(黄河上游)、湟(湟水)、洮(洮水)、岷(岷江上游)一带,祖国的西北高原,是羌族的故乡。

公元前2世纪,汉代封建王朝强盛,为了封建中央集权的需要,以及打开一条通往西域和中亚的交通线,曾对西北高原多次用兵,并设立郡县,加强统治。这时西北高原西部和北部的羌人,有一部分和大月氏融合,一部分和匈奴融合。西北高原东部和南部的羌人则和汉族杂居,大部分逐渐和汉族融合。

东汉初年,中央朝廷在陇西一带专门设有"护羌校尉"。这一段时期,羌族人民对巩固汉代封建国家的边防,曾经作出了较大的贡献。在博孜克日格沟口筑关的孟伯山、狄虎贲、赵当卑、万阿羌、石当卑、程阿羌6人中,万阿羌、程阿羌应是羌人,而赵当卑、石当卑也可能是羌人,或至少和羌人有渊源。如今,这处关卡已经失去了它原有的作用,而变为今人眼中的一处风景。

23

哈密回王陵

菇 青

　　哈密回王陵，像个盛满了传说的华美匣子，静静地搁在回王府的旁边。

　　离回王陵很远，就能嗅到它古老的气息。走进回王陵的院落，一代一代威震一方的回王，便从历史的背景中闪现出来。

　　最突出的高大建筑，是第七代回王伯锡尔墓。墓高 17.8 米，下部呈长方形，东西长 20 米，南北宽 15 米。上部以垣墙支撑着巨大的穹隆顶，四角修有塔柱。门朝西开，为尖拱式，两侧各配 4 个小型尖拱壁龛。墓门两边塔柱中空，有台阶盘旋而上，可至墓顶。穹隆顶四周有平台，并用矮墙围护。墓葬外壁墙画镶砌蓝花祥云，白底琉璃砖和绿花祥云白底琉璃砖构成的图案，穹隆顶则全是绿色琉璃砖镶面，外观鲜艳夺目，流光溢彩。内壁墙面通体粉白，印有蓝色祥云团花，上开四窗。墓内埋葬着第七代回王伯锡尔及其大小福晋、第八代回王迈哈默特及王妃、王族成员 40 人。

　　第七代回王伯锡尔在位长达 54 年，经历了清代的嘉庆、道光、咸丰、同治四帝。这是一段新疆大动荡的年代。公元 1826 年，南疆发生张格尔之乱。张格尔是大和卓波罗尼都之孙，在巴格达战役中逃逸出境，蜗伏浩罕国，后又潜回喀什，发动叛乱，震动全疆。清廷急令陕甘总督杨遇春率两省兵员 3000 人进驻哈密，稳住咽喉要地，随后任命伊犁将军长龄为扬威将军，发兵 4 万进剿张格尔叛军。大军进疆平叛，补给线长，清廷大力筹办给养,仍困难多多。伯锡尔主动表态效力。哈密成为军供总粮站。甘肃道运军粮50万斤抵哈密。伯锡尔调集牛车、马车1000辆,组织农民向吐鲁番运粮。军粮运到吐鲁番后,伯锡尔又令其弟将军粮一直送至阿克苏前线。公元1830年,浩罕入侵南疆。清军再度出动。伯锡尔又调集牛车千辆支前,并选送健马300匹、羊千只支援前线。公元1864年,伯锡尔"捐办渠工",协助清政府开渠屯田。清朝同治年间,陕西回民阿訇妥明占领乌鲁木齐,成立清真国。浩罕国军官阿古柏入侵喀什,占领南疆,成立哲德沙尔汗国。清军节节败退,形势岌岌可危。哈密回民马兆强、马环等也响应清真国号召,图谋策划分裂暴动。当时的局势复杂、混乱、动荡,伯锡尔面临着重大考验。伯锡尔有大、小两个福晋。小福晋是从京城回族中娶来的,见多识广,聪慧过人,深得伯锡尔宠爱。小福晋劝伯锡尔不要为眼前势态迷惑,分裂势力貌似强大,但绝对成不了气候。伯锡尔审时度势,决定和清王朝中央政权保持一致,保卫哈密不陷敌手。叛军对伯锡尔所在回城围而不打,以"同宗同教,共谋大事"为诱饵,进行诱降。伯锡尔信念坚定,不为所动。他派王府二等伯克夏斯林潜出搬兵。驻巴里坤总兵提督何倌派游击凌祥、芮林和把总赵万杰,率兵2000人增援。伯锡尔出回城配合,收复汉城。当年初冬,叛军又卷土重来,占领了五堡。清军出城迎敌,遭伏击,阵亡400多人。伯锡尔在头堡派大福晋去搬取援军,自己与小福晋抗敌,自辰时杀到酉时,血染战袍。小福晋在激战中落马被乱马踏死,伯锡尔负伤被擒。在提审时,伯锡尔突然夺旁立者长矛,刺伤两人。匪首惊恐,令人乱刀砍死伯锡尔。伯锡尔被害后,哈密人民极为悲愤,更加坚定了反对分裂叛乱的决心。

战乱平息后,清廷追封伯锡尔为和硕亲王,在老城修建札萨克亲王祠,拨银2万两修建陵墓,也就是现在的哈密回王陵。

在第七代回王墓的南侧,原有东西排列木质亭式墓葬5座,现仅存2座。东部为第九代回王沙莫胡索特墓,西部为台吉墓。沙莫胡索特墓是其生前修建的,由内外两部分组成。内部是土坯垒砌成的伊斯兰风格的穹隆顶墓室,外部于墙内及四周,用亭柱支撑中式亭榭木结构的八角攒尖顶,将墓室罩在其中。墓室内墙通体粉白,并印有蓝色祥云团花。墓内埋葬有沙莫胡索特及王室成员 13 人。西部台吉墓，也由两部分组成。下部以土坯砌筑墓室，上部以墙内亭柱支撑一木质结构的重檐盈顶。墓内埋葬有台吉等 12 人。

沙莫胡索特墓和台吉墓，都以伊斯兰风格的穹隆顶墓葬结构为基础，吸收中式八角攒尖顶及蒙古式盈顶的木质结构建筑形式。这在新疆伊斯兰风格墓葬建筑中，是别有特色的。

第七代回王墓的西部，是有名的艾提卡尔大清真寺。它建于第一代回王额贝都拉时期，后经第四代回王玉素甫和第六代回王额尔德锡尔的不断扩建，才有现在的规模。艾提卡尔大清真寺东西长 60 米，南北宽 38 米，占地 2280 平方米。该寺大门墙壁中嵌有石碑一块，旁有宣礼塔。寺内有 104 根大柱支撑着宽大的平顶，并开有大窗；寺顶彩绘花草图案；寺内墙壁粉白，上书《古兰经》经文，周围再饰花草衬托，格外庄重、肃穆。每遇伊斯兰教盛大节日，寺内可容城乡教徒 5000 多人做礼拜。哈密维吾尔人送给王陵一个极好听的名字："阿勒同勒克"，意思是"金色的圣地"。

哈密王权始自公元 1697 年，终于 1930 年，历经九世。在 17、18 两个多世纪的时间里，历代哈密回王始终紧跟清政府，在加强内地和新疆的联系，促进新疆和中原经济、文化交流，稳定新疆，平定叛乱，维护祖国统一方面起到了积极的作用。

胡杨沟寻佛探踪

谢中

　　从新和县城沿 314 国道向西 40 千米，却勒格山沉睡在夏日的阳光里，显得分外寂静。记者随新和县委宣传部副部长杨斌、史志办副主任刘金明一行，穿过南疆铁路下的一座涵洞，驱车朝远山的托乎拉艾肯石窟走去。

　　戈壁滩上看山跑死马，崖畔上散落的几个黑影随着车轮的颠簸游移不定。刘金明说，那就是我们要去探访的佛教石窟遗址。我们寻着目标前行，足足走了 40 分钟，终于来到崖下。东西两崖之间，一道峡谷蜿蜒而入。谷底星星点点的胡杨，拼命地吸吮着有限的水汽，让寂寞的沟谷充满无限生机。胡杨虽然身躯弱小，却是从远古走来。显然，这里当年溪水潺潺，胡杨葱郁，与现在维吾尔语托乎拉艾肯的称谓相吻合，是胡杨沟的意思。

　　如果不是为了几个洞窟，也许一辈子都不会来到这里。这下我们真正体会了一次远离尘世的滋味。托乎拉艾肯石窟与著名的克孜尔石窟、库木吐拉石窟等同，属龟兹石窟的范畴。它因规模较小，地处深山，除了少数专业考古人员外，对于多数游客来说，迄今为止鲜为人知。1959年，在当地维吾尔族农民的引导下，新疆文物调查组武伯纶等人第一次发现了托乎拉艾肯石窟。限于当时的条件，只是对石窟作了大致的记录，研究考证工作一直没有进行。1987年，因编纂地方志，新和县史志办、文化馆的人员，对石窟遗址作了初步的考察、拍照，在一些报刊上对其作了大致的介绍，但专业意义上的研究仍未进行。近年来，一些专家多次对托乎拉艾肯石窟进行细致的考古调查，较全面地摸清了石窟的情况。

曾与专家一起考察的刘金明介绍，这种远离尘世、深藏于偏僻山区的石窟，是龟兹小乘教宗为修行而建造的。各方面迹象表明，托乎拉艾肯石窟大约建于南北朝时期，盛于初唐，衰于元代，前后经过了约七八百年，是一处发展历史较长的小石窟群。

我们沿沟口前行约三百多米后，峰回路转，东面山坡上的洞窟转到了头顶上。我们顺着斜坡艰难攀援而上，脚下的沙岩很滑，一不小心就有滑下胡杨沟底的危险。我们在一处前室坍塌的洞窟前停下。洞窟高有三米多，后室两侧甬道完好，但壁画被人为破坏。残存的壁画中，蓝、白、青、土红等颜色依然鲜艳，不由让人为古代精湛工艺叫绝。散落在东坡上的洞窟约有六七个，大部分坍塌严重，又让人顿生惋惜之情。

越过几道沟沟坎坎，我们又来到一座为便于保护而装了木门的洞窟。木门打开，展现在眼前的是令人惊喜的景象，这是西坡19个洞窟中保存最为完整的中心柱石窟。该窟分前后两室，前室正壁中心下方开一佛龛，遗憾的是坐佛已不知去向。佛龛上方绘满了菱形格，每一格中都有坐佛，"旁边都有一个个佛传故事。前室券顶两侧也是菱形格故事画，两侧立壁下方绘有一排结跏趺坐、身着通肩式袈裟的坐佛像，形象一致。仔细观察，左右两壁现存7尊列佛像。刘金明说，实际上应为左右各5尊。前室靠洞门处的壁画已经脱落，仅见坐佛头部顶光残迹及方格一角。佛像下方为龟兹各石窟常见的说法图。我们跟随刘金明从中心柱甬道左侧进入，但见券顶绘有飞天人物，两侧分布着许多菱形格因缘故事画。后室前壁绘有一排覆钵式大塔图形，左右壁各开有一个小龛，佛像同样不知去向。左壁佛龛上方绘有一华盖图形，右壁画面已经无法辨认。后室后壁绘有佛陀涅槃图，券顶中央部位绘有两组飞天的僧人形象。他们两两相对，一黑一白，一大一小；身着朱红色无袖袈裟，每人肩上背负顽石一块，其中寓意颇难理解。

整个壁画题材都是按禅观的要求，依据佛经绘制的，分为本生、本行(佛传故事)、比喻、因缘和供养五类。其中一个供养故事说的是:一次,佛陀和弟子们途中小憩,众弟子在一池边洗钵时,来了一只猴子向他们借钵。大弟子阿难就将一只钵借给了它。猴子端着钵返回了森林,采回了一钵蜂蜜献给佛做供养。佛说蜜里有虫子,猴子就把虫子挑了出来。佛又说蜜太稠要加些水,猴子就在蜜里加上了清水,送给佛和弟子们饮用。猴子看到佛和弟子们接受了它的供养,高兴得跳了起来,结果掉进了一个大坑,当即死去。后来,它投胎到了一个富翁家里,取名摩头罗瑟质。在众多的因缘故事中,着重描述了前世造因、今世受果,今世造因、来世受果的"三世因果"关系。

从洞窟再到谷底,西北坡峭壁上的级级台阶已被风蚀得溜光。本想拾级而上,谁知缺少前人的胆魄,只得绕道而行。坡地上一块长、宽各约50米的平坦地方,仅存残垣断壁、基台和土墩。这是一处较大的地面寺院遗址。刘金明说,这里曾经用来接待供养人、客僧以及进行佛事活动。站在寺院的废墟上,耳边仿佛响起木鱼声,眼前不停地掠过缭绕的香烟……

目前,文物保护工作的步伐越来越大,到胡杨沟寻佛探踪已经不再是很费力的事了。

楼兰:依然悬而未决

杨 镰

楼兰的确是都城?

楼兰古城的发现，使探索楼兰文明之谜成了 20 世纪的热点。斯文·赫定走了，随后来到的有美国气象学家亨廷顿、英国考古探险家斯坦因、日本的释子橘瑞超……他们取得的成就令人瞩目。此后，在罗布荒原陆续发现了数十处楼兰王国时期的古迹，获取了足以装备一座博物馆的楼兰文物，还破译解读了早已无人使用的楼兰官方文字——佉卢文。

随着对楼兰兴趣的加深，两个问题成了人们争论的话题：一个是，楼兰古城的发现时间究竟是 1900 年 3 月 28 日 ~29 日，还是 1901 年 3 月 3 日?换句话说，那个为斯文·赫定带路的当地人——奥尔得克，寻找遗失的铁锹时闯入的那个遗址是不是楼兰古城呢?另一个则是，楼兰古城是不是楼兰王国的首都?它在历史上的地位如何?

从 20 世纪七八十年代之交中日合拍《丝绸之路》开始，有人提出：罗布人奥尔得克闯入的那个遍地是木雕的遗址就是楼兰古城。所以楼兰古城是奥尔得克发现的，发现时间不是 1901 年 3 月 3 日，而是 1900 年 3 月 28 日 ~29 日。当时，关于楼兰古城的重要著作——德国学者赫尔曼的《楼兰》并未译成中文出版，而斯文·赫定自传《亚洲腹地旅行记》(又译 < 我的探险生涯》)关于这一点没有作出明确的说明,这就留下了出现问题的空间。

实际上,仅从地理方位上来推测,1900 年奥尔得克找铁锹时闯入的那个遍地木雕的遗址根本不可能是楼兰古城。

英国考古学家奥利尔·斯坦因曾为罗布荒原的古迹做了编号,从 L.A.到 L.T.共 20 处。楼兰古城即 L.A.。1900 年 3 月 28 日,斯文·赫定一行路经并遗失了铁锹的遗址是 L.B.。L.B.由几处邻近的遗址组成,有寺院、官衙、民居等等。1900 年 3 月 28 日,探险队路经的是其中一处寺院。奥尔得克误入的有木雕的地方是寺院一侧的相对独立的建筑,可能是高规格的楼兰馆驿。它们都是 L.B.的组成部分。奥尔得克带回的木雕并不属于楼兰古城。

实际上,只要拿出罗布荒原古迹分布图,就一目了然了:L.A.不在斯文·赫定一行 1900 年 3 月从北方的六十泉到南方的喀拉库顺的路线上。他们 1900 年 3 月 28 日晚上的宿营地在 L.B.,正南约 20 千米,而 L.A.则在营地正东十几千米处。斯文·赫定有当时最先进的德国蔡斯公司的测量仪器——他就是来做地形测量的;奥尔得克是方向感极强的罗布人。他离开营地时尚未刮风。据斯文·赫定的日记,奥尔得克走了两三个小时后才刮起沙尘暴。斯文·赫定还盼望奥尔得克在起风之前就动身折返营地呢!而奥尔得克怎么可能从一开始出发就错了,理应向正北,却跑到另一个方向上去,整整拧了 90 度角呢?如果他一开始就错了,跑到了营地正东的楼兰古城(L.A.),那他就不可能在当天晚上又穿越地形复杂、毫无参照物的荒漠摸到 L.B.,然后在伸手不见五指的漆黑夜晚顺利取回扔在地上的铁锹,再追探险队。能做到这一切,前提是他见到有木雕的和遗失铁锹的这两个地点近在毗邻。否则,凭一匹弩马,即使在白天,手持 GPS 也不可能做到。

通过解读当地发现的文书,学界认定斯文·赫定发现的古城名叫"楼兰"。因此产生的问题是:楼兰城是不是楼兰王国都城?换句话说,楼兰古城与楼兰王国有怎样的联系?在西域文明的历史谱系之中,又有着怎样的位置呢?

　　楼兰的许多难解之谜中,楼兰王国的首都何在,一直是困扰人们的难题。它牵涉到实地调查和文献研究几方面,在丝绸之路史研究中极具代表性。可以确认:中国典籍之中的"楼兰"一词,是佉卢文"KRO-RAINA"的音译,含义是"城市"。但楼兰古城是不是楼兰王国的首都,仍然悬而未决。《史记》明言,楼兰"有城郭"。从出现在汉文史册起,楼兰就是完整意义上的王国。《汉书》进一步指出,楼兰王国的首都叫做"扦泥城"。楼兰古城是不是扦泥城呢?

　　一般认为,魏晋时期楼兰古城曾是西域长史府驻节之地,而迄今为止在楼兰古城出土的遗物,真正属于楼兰王国、体现出楼兰土著文化特征的相当少见,这不像一个有悠久历史、独特文明的王国的首都应有的情况。所以,便有了楼兰曾迁都的说法。有人根据《汉书》记载,推定在楼兰改名为鄯善时,把国都从楼兰古城迁往偏西南的地点了。也就是说,在成为西域长史府之前,楼兰古城曾经是楼兰王国的首都。可是,从《汉书》到《北史》的《西域传》都曾明言,楼兰尽管改名鄯善,但首都均是扦泥城。楼兰王国有自己的国家机器,并一直以扦泥城为行政中心。如果楼兰王国的首都不在楼兰古城,必然另有其地。然而,目前已知的三四十处属于楼兰王国的遗址,除楼兰古城,没有哪个具有都市的规模。前些年,有人提出罗布荒原另一个考古编号为"L.K."的古城是楼兰首都。但那是典型的误读文献所致。就实际情况判断,这个说法也站不住脚:L.K.周长只有100多米,城内仅有两组简陋房屋,未发现文书。试想,《史记》《汉书》《后汉书》记载的发生在楼兰首都扦泥城的生动往事,怎么可能出现在L.K.呢?

　　关于上述这些争论,最有发言权的当然是斯文·赫定。斯文·赫定不是考古学家,他的成就在于发现,但发现者第一印象(第一目击)的重要性自不待言。特别是,此后的德国学者康拉第与赫尔曼的研究是受斯文·赫定直接委托进行的,其成果是经斯文·赫定认可的。其实,在《楼兰》一书之中已经明确说,奥尔得克发现木雕的地点距离楼兰古城直线距离有14英里;楼兰古城不是楼兰人建立的都市,而是一个特点鲜明的"中国屯戍军区"所在地。上述争论之所以出现,一定程度上是因为迄今为止《斯文·赫定在楼兰发现的文书与其他物品》与《楼兰》都未曾译成中文出版。

一部译稿的下落

事实上，在这之前很久我就知道，《楼兰》在上世纪六七十年代就已经译为中文了，但译稿下落不明，所以不为人知。

1968年，我到新疆"接受再教育"。临行前，向父亲的挚友冯至伯伯辞行。冯至是我自幼就熟悉的长辈，知道我要到新疆去，冯伯伯送了我一本书，那就是斯文·赫定的名著《亚洲腹地旅行记》（又译《我的探险生涯》）。1983年，我出版了一部长篇小说《千古之谜》。我专门送给冯伯伯一部，请他指教，其中写的是楼兰探险发现的故事。当时他告诉我，冯伯母（姚可崐）在20世纪前期曾应人之请将赫尔曼的《楼兰》从德文译成了中文，但译稿交出后就再无下文了。

不久前，在冯伯母的追悼会后，冯至伯伯的长女冯姚平告诉我，她在母亲的遗物中发现了一部不完全的《楼兰》译稿。这种失而复得的惊喜，我已经不是第一次品尝了，但这次更让我激动不已。因为，它实际是双重意义上的发现。经过大家努力，特别是请高中甫先生将冯伯母未完成的部分翻译完成，楼兰发现史与研究史上的第一部专著终于呈现在读者面前。它的出版，对于探索失落的西域古代文明具有特殊的意义。迄今为止，它是关于楼兰主要的标志性（或说阶段性）成果，它必将引起更多、更深入地对楼兰王国的考察与研究。它是连结我们与斯文·赫定之间的桥梁，它将引导我们再次推开古城楼兰的大门。

斯文·赫定猜想

斯文·赫定有个著名的猜想：关于楼兰古城的探险与发现，一定有许多更深层的东西被忽略了。也就是说，我们对楼兰的了解仍然有待深入。比如，他曾自问：楼兰古城有明显的汉族文化特征，可是，罗布荒原为什么没有发现过一处汉人的墓葬呢？解释只能是：在西域的汉人死后一律"旅榇还乡"，安葬于故里了；工作不彻底，还没有找到。

全部归葬家乡是不可能的。从西域到中原路途遥远坎坷，人们很难将其付诸实践。工作不彻底？当然了，这就是继续工作的动力。果然，从20世纪90年代后期开始，关于罗布荒原发现了大型汉族"将军墓"的传说不胫而走。2000年3月在营盘的那一晚上，我简直像在"天方夜谭"的境界中，"将军墓"叫人们越说越神。2001年1月9日，我们就宿营在一处汉文化的墓葬地附近，可当时我们并不知道这一点。2003年，传说终于浮出水面：罗布荒原发现了多处高级的墓葬，其形制与中原一脉相承。可以推测，其中必然有中央政府派出驻节楼兰的高级官员，甚至是西域长史本人的墓地。当年斯坦因在绘制罗布荒原古迹分布图时，曾表示：L.B.与L.K.是特别值得注意的地点。果然，近年来新的突破性发现大都出在这两个地点附近。

关于楼兰古城，另一个新的话题则出自"三间房"。一般认为，那时西域长史府，楼兰城除了佛塔，仅有的仍然基本站立的建筑就是它了，涉及西域长史府的文书又都出土于它的附件。但这也有疑问。比如那三间房舍都是长方形，是典型的"册"字形建筑，内径最宽处不超过1.5米，计入千年强风剥蚀，当初或许仅只1.2米左右，窄的也就是0.8米，连两个人并肩通过都困难。古往今来，什么级别的官府甚至说什么规格的房舍是这样的格局呢？在其中办公的长官，无论面朝哪个方向，都安放不下一张办公桌，坐都坐不下来。所以，经过实地考察后，我认为，它只能是西域长史府的组成部分，更可能是机密文件与武器的库房。

正因为如此，"三间房"才分外坚固没有倒塌。紧邻"三间房"，其西北方有一处基址宽敞的废墟，地垄精致宽阔，但长期为沙子掩埋，那应该才是西域长史的官衙遗址。

虚拟技术复原的楼兰

我们谈到墓葬，谈到"三间房"，不止因为它们是21世纪的新话题。同时,因为不久前我见到了外国学者用三维动画恢复的楼兰古城。三维动画是高科技,制作者为此付出了巨大的代价。他们恢复的古城相当生动,特别是那条横贯城市而过的运河——孔雀河的分支。有了它,城市简直像复活了一样。但是,动画展示的城市风格与我的想像迥异。

楼兰区域在公元5世纪就废弃了,除了佛教,它不可能有别的文化内涵。楼兰王国是西域古国,有自己的文明,但具体到楼兰古城,当然是汉文化的体现。复原楼兰古城是非常有意思的工作,这在斯文·赫定、亨廷顿、斯坦因、橘瑞超……20世纪前半期根本不可能做。它应该体现出20世纪对楼兰考察的成果,与21世纪新的研究走向一致。实际上,楼兰古城当时究竟是什么样子,赫尔曼在《楼兰》一书中通过描述与插图已经展示得清清楚楚。研究要想得出正确的结论,只有从起点出发才不至于南辕北辙、缘木求鱼。

赫尔曼的《楼兰》,是整个楼兰探险发现过程的一个组成部分,是认识楼兰的指路牌。

随着时间逝去,发现楼兰这一带有意外性的历史事件,解答了一个又一个疑问,又将许多新的难题摆在我们面前。正是通过寻找答案,才架起了连接历史与未来的桥梁。

康家石门子岩画

赵天益

　　沿塔西河溯流而上,汽车向南绕过红山水库,便进入天山山区;又行十余千米,转向西南,地势越来越高,坡度越来越陡,路面也越来越窄,而且起伏不平。原来,我们已踏上通往煤矿的简易公路了。凭窗向北眺望,千峦百嶂,由远而近,我们似乎站在茫茫瀚海之滨的高山之巅,不禁心旷神怡,视野开阔;往南望去,却还绕行在巍峨群山之脚。

　　汽车在山道上迂回盘旋,穿过由"鬼斧神工"开凿的西沟石门子,驶上有名的天山公路。路面显得宽阔平坦,碎石颗粒细而均匀,犹如行走在柏油路上。秋日的河水清澈见底,急流漱石,发出琅琅悦耳的清音。隔河相望,岸滩上一片片金色的胡杨林,为幽静的山野平添了几分秋韵。一路水送山迎,秀木森森。一条山路,盘山曲回,宛若一条柔软的罗带。

　　经过几处山隘,隘口两侧一面是碧绿的青黛;另一面是峰峦的赭红色,山峰相向倾斜欲坠。由远及近,石门隐约开阖。仰视峰巅,游目眩晕,惟恐累石訇然崩裂。山路幽深远僻,石门林立如笋。同行的通晓呼图壁文物的王馆长说,这一带统称石门子。一路上岔路很多,稍不留神,便会误人歧途。

　　接近中午时分,在旋右转的汽车行至山间一个凹形小盆地,忽见俨如古城堡式的一幢庞大建筑物耸立面前。那是一座雄伟壮观的赭色山峰。我们走下车来凝目观望,门窗可见,楼层可分,结构精巧,气势磅礴,和周围绿草如茵的山峦形成鲜明对照。在这迷人的刹那间,人们可以想像成"上海大世界"，戈壁沙漠中的海市蜃楼，九天云外的空中幻景。这就是我们倾慕已久的呼图壁"摩天大楼"——康家石门子岩画群。

王馆长说，清末，有一康姓人家避祸入山，深居于此，后人因姓命山，称康家石门子。另一种说法，康姓来自石门崖壁之东，因为那里有一条深堑叫康拉尔沟，或者叫康老二沟。

康家石门子绝色岩画，位于呼图壁县境内天山北坡低山地带，距县城 80 多千米，海拔 1500 米。其西南方向毗连的山峦逐次升高，海拔5000 米以上的冰峰终年积雪，雪线以下是鳞次栉比的森林带。山峦北坡常年黝绿，雪雾缥缈。雪水融化的潺潺溪流，绕石门径流向南。崖壁峭拔而立，高 200 多米，层叠别致，像一座巨大的石阙。

这里的岩画发现得早。因为刻有岩画的山脚下是地势开阔的草坡地，气候湿润，野草繁茂，是夏秋两季优良的天然牧场。距岩画不远的地方有几处帐篷，一位稍懂汉语的年长哈萨克族牧民说，他从小就随父辈迁徙于这个牧场，崖壁上的岩画抬头可见，久而久之，对崖壁上的岩画竟谙熟于心。只是年复一年，岩画上的人物有不少已经渐渐模糊，有的已剥落了。老人语气平和，好像岩画同草场上的牲畜一样都是他生活中的一部分。由于岩画地处偏僻的深山，除了牧民，外人很少来这里。直到20 世纪 80 年代中期，研究地方史志和岩画艺术的学者来此，才引起学术界的极大关注。

岩画刻在山崖石壁上，高离地面。岩画下端的石壁微微内凹，悬空自然形成一条檐壁。沙砾石画常年受阳光曝晒和雨水浸淫，表层蚀面石质酥松，有几处已经剥落。岩画下面是一块平整的坡地，地面上没有见到任何建筑物遗址，让人难以判断当时的人是如何在峭拔陡立的岩壁上作画的，因为岩壁上没有落脚的地方。

岩壁上的岩画东西长约 14 米，高约 9 米，面积 120 平方米左右。崖壁壁面平整，不同于四周凹凸不平的崖壁，可见在凿刻岩画之前对崖壁做过修整。岩画四周还留有宽裕的人工修饰过的壁面，表明这幅大型岩画区别于一般岩画的随意性，而是在初创时考虑到岩画的幅面及画面内容的完整性。近观岩画，除了略靠左下角有重叠凿刻的人物图像外，整幅画面的层次安排及岩画的内容、风格和谐统一。这幅画的出现绝非偶然，在某种意义上，它所反映的是一个历史时代的剖面。

王馆长把我们领到视觉最佳位置。面壁仰视，岩画最上层排列着大小不同的九位裸体女性。王馆长用一根长竿指着岩画介绍说："左起第一位女性身高 2.05 米；第二位身高 1.95 米；第三、第四位女性身高相仿，二者手臂好似相互搭连，两者之间有一对马，涂染红色；第五位女性略低于平行线；在第六位女性举起的右臂下，有一对公马图案，马高 34 厘米，底部在第七位女性的肩膊平行线上；第八位女性刻画不完整；第九位女性腰部残损，身高不足一米；最右边是一位侧仰的男性。"

在九位女性的下方，刻有众多的人物。右边是一位身材高大雄健的男性，岩画夸张地刻画出他的生殖器官。在这一男性的左下方是一大一小两只老虎，旁边刻有三个挽弓搭箭的猎人，瞄向两只威猛的老虎。再向左，刻有十多个男性人物，并雕刻有男欢女爱、男女交媾图像。岩画中比较特异的是一幅双头同体人物图像，从画面上看右侧为一男性，左侧为女性。女性细长的脖颈后似有一条弧形的条带饰物，图像表现的是男女合体交媾的情状。在它的左上方有两排几十个舞态整齐的小人图像，由于画面斑驳，已分辨不出人物的性别。岩画中所有人物的头上都有类似翎毛物装饰，这大概是种族内独有的标志。

王馆长继续说，岩画采用的是阴刻方法，即先用红色颜料勾勒出人体轮廓线，然后凿刻出轮廓线。轮廓线内部分刻成凹陷的平面，使轮廓线与物面形成凹凸分明的画面。岩画注重人物面部五官部位的表现，选用浅浮雕的技法，将人物面部器官及神态刻画得栩栩如生。

环顾四周，康家石门子没有发现任何古老的建筑，也没有与岩画中原始人类生存活动相关的遗迹。在没有文字的时代，岩画记录的是史前人类生活的场景：猎人在捕杀猛兽，欢悦的人群在草甸上踏歌起舞，男欢女爱的族人在繁殖他们的后代……

我久久凝视着岩画上的两幅对马图案，意识到岩画中的人物围拢在它的周围祈求庇佑，确信当初生存在康家石门子一带的种族部落膜拜的是对马图腾。这两幅对马图案中的马匹对立，有别于岩画中的生活场景而独立存在。两幅对马图造型别致，为标志性的图案。离岩石不远的地方有一块倒伏的岩石，上面刻有不同姿态的逸马。这些自然形态的马匹与两幅对马图案上的马迥然不同，表明岩画上的对马图案是作为一种图徽刻画在显著的位置上的。史前人类崇拜自然物是普遍现象，并从最初膜拜自然界中的太阳、月亮等逐渐转向对与生存息息相关事物的崇拜。图解式的符号代表着一种信念，共同的信念聚合起相同生存方式的人群。

时间之外的也根布拉克岩画

陈超

　　在三千多年的历史中，游牧民族在阿尔泰的山间遗留下来很多岩画，使阿尔泰享有"千里岩画长廊"之盛名。位于阿尔泰山脉西南麓的布尔津，历史上是北方草原丝绸之路的必经之地，亚洲腹地的塞人、匈奴人、鲜卑人、柔然人、突厥人、蒙古人、哈萨克人都曾在此生活——丰富的草原文化历史背景，为它留下了大量以岩画为代表的草原文化遗存。

　　7月中旬的一个下午，由布尔津县副县长康剑和冲乎尔乡政府干部带路，我们一行8人，前往位于冲乎尔乡西北方向20千米处的也根布拉克岩画群。我们的车沿布尔津河东岸一直向北，河谷两面的山势陡峭，蜿蜒曲折，阳光照在河边的杨树林中，照在宽阔的河面上，金黄色的光在水面上跳跃。

　　岩画群在河的西岸，我们必须过河——河面上架着两根粗粗的钢索，钢索下是一辆四轮缆车。缆车可以站四个人，我们分两组，所有的人两手抓住钢索用力往前拉。第一次坐这样的"前现代"的缆车，在这个静静的河谷里，偶尔有一声鸟叫，时光似乎正在一点点地倒流。

　　过了河，溯河而上，地势越来越高，翻过几道山谷，河谷渐开，视野开阔，大约四十多分钟后，走在前边的人高喊：到了。

　　在布尔津河西岸，在一千多米长的岩壁石面上，断断续续分布着大小三百余处岩画。虽然在2000年这一岩画群就被人发现，但是由于地处偏僻，人们对它依然所知甚少。

这里的岩画雕刻手法以阴刻为主，有少量阳刻，技法古朴生动，刻画者具有很高的艺术表现力和概括力。岩画采用轮廓画、浅浮雕、线条画等多种表现方式，但不管形式怎么变，它们均具有显著的北方游牧民族的独特风格。

这里最常见的是动物画，有马、牛、羊、骆驼、狗、狼、熊、狐狸、鹿。它们或成群，或单一，或两三只为一幅。画中最大的一头牛长近一米，最小的仅有两厘米左右。在一块岩面上刻有两头牛，大的一头牛角向前，刻画者刻意把牛角向回弯曲，不仅没有损害牛的基本形态，更增添了很强的艺术感。它们有的相互追逐、奔跑、争斗；有的引颈长嘶；有的回首顾盼；有的四蹄腾跃；不仅准确地表现了动物在正常情形下奔放而富于生命力的形象，还摄取了动物转瞬即逝的特殊动态。

有幅狩猎画：一猎人双手前屈握弓，箭已射中一头黑熊，黑熊挣扎逃窜，猎人紧追不放，画面形象清晰，神态逼真；另有一人一手持弓，一手拿盾，盾前有一只狼。

有放牧图：众多的山羊、鹿、骆驼等，大小参差，缓慢行进，畜群之后有一猎狗尾随；两名放牧者，一上一下步行于畜群中，上边一人手执长鞭，下边一人戴一尖帽，两手张开作驱赶状，画面生动活泼；有两人牵着四匹大马一匹小马行进。

有驾车图：只用一个方块及两个点构成一辆车，由两匹动物在前边拉车，一人独坐车上，缰绳有点夸张地握在驾车人的手中。奇特的是，居然有一只熊站立在车后，前爪向前，意欲抓扑驾车人。车的下方还有一头鹿，正安详地站立着——这是否记录的是刻画者的一次危险经历？

鹿在岩画中反映较多，其风格不尽相同。其中一头独立的鹿，腿部纤细秀美，高昂着头，鹿角用线勾勒而成，造型十分优美。而另一幅图中的几头鹿简单古朴，或用线或用面勾勒，自然生动。有一幅岩画，刻画者以简单的线条生动地描绘出了鹿在惊慌逃命时的情景。

最为奇特的是，有一幅岩画刻画着形象逼真的老鼠。老鼠身体成方状,似在寻食,其左前方有三头野猪。

有的画面充分体现了刻画者的想像力,具有浓厚的浪漫主义色彩;有的画面高度写实,给人一种亲切的真实感;还有一些令人匪夷所思。而所有的岩画都充满了动感和生命力,是游牧民族生活的真实写照。由于地质断层所致,岩面基本都较垂直平洁,天然线纹在水浸风蚀下,极其清晰美丽,古老的红橙地衣极有规律地扒附其上,使巨幅的抽象图案变幻着——大自然和人类在岩面上共同创造着不朽的生命。

他们为什么要刻下这些岩画?

是生活愿望和手段的记录?是斗争经验的总结?是为了激发人们对各种动物的占有欲?是一种信仰?是部落成员及其后代从中认识动物的习性、掌握动物的种类及其活动规律的教科书? 是一个个什么样的人,在怎样的时刻面对森林与河流,面对草原,面对牛羊与野兽,面对温暖的落日,他们举起了石器、青铜器、铁器……

据专家考证,北疆地区最早是塞人游牧生活的地方,塞人以后,还有很多草原游牧民族在此生活过。也根布拉克一带的岩画,应该始于青铜时代或更早,而大量出现则在秦汉时期,一直延续到清代,大约有三千多年的历史。

说不尽的新疆文物考古

岳峰

改革开放以来,新疆的经济建设飞速发展,给新疆文物考古带来一股春风,同样也为文物考古事业的发展提供了十分有利的机遇,新疆文物考古工作硕果累累,成绩斐然。这主要表现在两个方面。

第一是中外合作交流蓬勃开展。在坚持以我为主、对我有利的原则,牢固树立主权意识、知识产权意识、文物保护意识的前提下,先后开展了中瑞牙通古斯河流域的联合调查,中法克里雅河流域的联合调查,中日尼雅遗址的联合考察,中日交河沟西墓地的联合调查等,都取得了很好的成果。其中,中日尼雅遗址的联合考察,在 1995 年获得重大考古收获,被列为中国当年十大考古重要发现之一,在国内外引起轰动,对于尼雅考古学及汉晋西域考古学、历史学诸领域的研究是一个极大的推动,同时为汉晋西域史各领域,如中央王朝与西域诸国的政治、经济、文化联系,民族关系史,体质人类学研究,丝绸之路贸易史的研究等,都提供了非常宝贵的第一手资料。另外,这些文物也对古代科技史,如丝绸工艺史、冶金史、天文史的研究,有着重要的学术价值。目前,我们对尼雅遗址的调查范围和认识已远远超过了斯坦因等外国学者。

第二是配合大型基本建设的抢救性发掘取得很大成绩。如尉犁县的营盘墓地,且末县的扎滚鲁克墓地的抢救性发掘等。营盘墓地位于尉犁县城东南 50 千米、孔雀河干河床北岸 4 千米处,东距楼兰古城约 200 千米。在那里,清理了被破坏的墓葬 80 余座,抢救发掘 32 座,出土了完整的干尸和大量的珍贵文物。这个墓地是迄今为止在罗布泊地区发现的面积最大、发掘资料最为丰富的一处墓地。它的发掘不仅为楼兰—鄯善地区的古代文化的深入研究提供了珍贵的资料，又因其地处于丝绸之路"楼兰道"的要冲之地，出土文物内涵丰富，对于研究当时丝绸之路的贸易交通、古代中西文化交流等都有着极其重要的学术价值。在且末扎滚鲁克墓地，抢救性地发掘清理了102座墓葬，出土了大量的陶器、木器、骨器、角器、漆器、石器、铁器、玻璃器、毛织品、丝织品、棉织品、面食、料珠、文书、乐器、颜料、金片等。墓葬的时代为战国至东晋，墓葬形制多样，随葬品丰富，为研究这一地区的历史发展、经济、文化、风俗等提供了新的资料。

在近几年的考古调查中，对新疆境内的史前文化的研究也有所进展。新疆青铜时代的文化面貌进一步明朗，特别是通过对孔雀河下游古墓沟墓地、和硕县新塔拉遗址的调查发掘，专家分析，在距今四千年前后，新疆开始进入青铜时代。

楼兰地区考古也有所突破。新疆考古工作者近年来多次进入罗布泊地区进行调查，发现了大量的细石器文化遗址点，发掘了两批墓地，调查了楼兰古城，取得了多方面的考古成果。

在近几年的考古工作中，对天山中段的和静县察吾乎沟古墓地的发掘，是一项收获很大的工作，先后发掘古代墓葬454座，出土了近4000件陶、木、骨、石、金属器等。该墓地时代约在公元前1000至公元前500年左右。这一墓地的发掘，对研究新疆天山中段乃至整个新疆地区青铜时代至早期铁器时代的文明具有重大价值。

吐鲁番地区鄯善县的苏贝希、吐鲁番市艾丁湖、托克逊县英亚依拉克的古墓葬的发掘清理和研究，则使我们对车师文化有了更进一步的认识。在配合交河故城维修保护工程对交河沟北墓地进行的清理发掘中，也获得很大收获。近年来，在塞人考古、回鹘考古、喀喇汗考古、石窟寺考古、岩刻画及石雕人像的考察等方面也都取得了重要的成果。

令人欣喜的是，上述考古成就的取得，使新疆的考古工作越来越引起国内外的关注，影响越来越大，逐渐地显示出新疆地区考古学在我国和世界考古事业中的地位和重要性。

但历史留给我们的课题还很多，还有许许多多文化现象尚未被发现，在新疆历史上还有许多充满神秘色彩的面纱未被揭开，历史赋予新疆考古工作者的使命还很重。他们所做的工作和所获得的成绩，与新疆大地上无比丰富的文化遗存相比，还很有限。新疆考古学的缺环和空白还很多，有待填补。

任重而道远，士不可不弘毅。伴随着改革开放的不断深入，新疆的考古工作者正以新的面貌和姿态，面对现实，克服困难，努力工作，迎接挑战，争取更大的成绩。

塔克拉玛干：古老的家园

沈苇

有人曾形象地把新疆比作一只巨大的碗，周围被许多大山脉环绕，碗底则装着流沙，这片金色浩瀚的流沙就是塔克拉玛干沙漠。

32 万平方千米的塔克拉玛干沙漠是仅次于撒哈拉沙漠的世界第二大流动性沙漠。作为一个"文明的大墓地"，在上个世纪初，塔克拉玛干一度成为世界性的探险乐园。从塔克拉玛干沙漠和塔里木盆地挖掘出的宝物，至少收藏在全球 13 个以上国家的博物馆里。

它是世界上最大的地下文化宝库。沙漠吞噬了不计其数的城镇、村庄，吞噬了生命、传奇和细节，但留下了废墟和遗址，留下了遥远的回声、零星的记忆和无限的遐想。楼兰、尼雅、小河、米兰、热瓦克、丹丹乌里克……这些著名的古城记录了丝绸之路的繁华和兴盛，并且经过了时间之手的精心打磨而熠熠生辉，成为不灭的词的火种，大荒中的火种，重新播进人类的心田。有翼天使壁画、五星出东方利中国织锦、罗马柱、印度佛像、楼兰美女、佉卢文残卷、鲍尔古书……

这些地下出土的信息透露：这里是地球上四大文明交融的地区——塔克拉玛干置身于新疆的"碗底"，但从精神海拔去看，它恰恰占据了西域文明的一个灿烂顶峰。

从营盘出土的一具 3800 年前欧罗巴男尸身上，我们可以看到他脑门上神秘的海盗图案，这一图案与北欧海盗的图案同出一辙！惊诧之余，我们仿佛看到了他正穿越时空向我们走来。他来到如此遥远的东方,是因为流放、自我放逐,还是追求心爱的女子,追寻一个梦? 但毫无疑问,这个异乡人是在另一个大海(沙漠)搁浅了。如此我们不难推度,最早的丝绸之路的出现,并非出于商业和贸易的考虑,而是由人类的梦想开辟出来的。

无论是地理的、生态的,还是心理的、象征的,沙漠都是一幅可怕的地狱图,令人心惊胆战,恶梦联翩。塔克拉玛干沙漠被称作"死亡之海",据说它曾在一天之内吞噬了360座城市。贫瘠和荒凉是沙漠的主宰,最可怕的是缺水,更可怕的是它的一望无垠,对于疲惫不堪形容枯槁的旅行者来说,它似乎永远没有一个尽头。而沙尘暴一旦形成,就呼啸着,咆哮着,遮天蔽日,其威力似能把大地连根拔起,它的狂暴正是"上帝的愤怒"……倒毙在沙漠里的人、马、骆驼变成了一堆堆狰狞的白骨。秃鹫在高空盘旋,不停地寻找动物腐尸。一只荒漠狐蹲伏着,鼻子还留着几小时前猎物的鲜血。蜥蜴为了躲避袭击,用松散的沙子隐藏自身。一只母蝎背着一窝小蝎急窜,而狼蜘蛛面如鬼怪,八只眼睛中两只打盹,其余六只闪着吓人的光芒……然而这一切并未吓退人们跃跃一试的决心。

千百年来,进入沙漠的探险队、商队、寻宝者、劫匪、朝觐者络绎不绝,怀揣的目的也不同,吸引他们的也许不是湮没的文明、黄金宝藏和别的什么,而恰恰是沙漠恐惧的魅力。

斯文·赫定把塔克拉玛干流动的沙丘比作没有十字架的坟墓,每一次探险队的出征如同出殡。1895年春,他率领五人探险队,带着八峰骆驼、两条狗、三只羊、十只母鸡和一只公鸡,从喀什出发深入塔克拉玛干沙漠,去寻找传说中的达克拉·马堪古城,并绘制这一未知区的地图。这是一次名副其实的死亡之旅,斯文·赫定称之为"我在亚洲东奔西跑中最悲惨的时刻"。可怕的灾难发生在17天之后,探险队已滴水不剩,只能用羊血、鸡血和骆驼尿来解渴,人和动物疲惫不堪,奄奄一息,每走一步(确切地说是爬)都变得十分艰难。断水的第五天,斯文·赫定抛弃他的探险队和一切辎重,独自去寻找生还的希望。这是一次神助,在绝望的尽头,死神的地平线上出现了一道深绿——树林! 和田河! 水! 当听到水鸟拍打翅膀的起飞声，斯文·赫定知道自己得救了。

他写道："我喝、喝、喝，不停地喝……我身上每一个毛孔和纤维组织都像海绵似地吮吸着这给我以生命的流质。我干瘪得像木头似的手指，又显得膨胀起来。像经过烘烤的皮肤，又恢复了湿润和弹性……"

世代生活在沙漠腹地的克里雅人和牙通古斯人表明，塔克拉玛干并非是一个不可居住的地方。直到不久以前，于田县的维吾尔族牧民还常常赶着羊群、骆驼，沿克里雅河古河道穿越沙漠，去沙雅塔里木河畔放牧，羊肥驼壮之后再赶回于田。对于他们来说，沙漠中干涸的河道就是道路，是联系生命和绿洲的纽带。

在塔克拉玛干的地图上画一个十字架，其交汇点就是现在塔中油田第四作业区所在地。在那里，我认识了一位种树的老汉。他已在沙漠种树三年。他种红柳、枸杞、沙枣，也种草，但活下来的不到五分之一。沙漠里气温太高，种下的树很快就被"烧"死了。沙漠里不缺地下水。从早晨 7 点到晚上 12 点，他一刻不停地浇水、浇水，但水刚浇下去就蒸发了，"漏"掉了。他一天要抽 5 盒"哈德门"，时间不是以分秒计算，而由 100 支香烟组成。100 支烟抽完了，他的一天就结束了。

他不停地种树、浇水、抽烟，骂骂咧咧，诅咒太阳、沙漠，陷于一种绝望之中。"我是在绿化一个梦吗 / 不，不，我只是个倔老头 / 喜欢与沙漠对着干…… / 我徒劳地忙碌，习惯于劣势 / 没有谁的愤怒大于我对沙漠的愤怒 / 太阳也是我明显的敌人 / 我的眼睛、鼻孔、喉咙 / 像油气井，在喷火"（沈苇：《沙漠里的西西弗斯》）。

三年过去了，他终于种活了一小片沙枣林。居然，飞来了一对斑鸠。看到小鸟儿在枝头叽叽喳喳亲亲热热的样子，老汉停止了诅咒，流下了几颗混浊的眼泪。

塔克拉玛干被叫做"死亡之海"。斯文·赫定将它翻译为"进得去出不来"，而维吾尔语的解释却是——"古老的家园"。

踏雪访古墓

安可

三千年前的女性干尸，五具各具形态的古代干尸，还有……

哈密市五堡古墓因出土了我国最早的一批古代干尸，已蜚声考古界。

入冬后的第一场雪下过之后，我随东莞"丝绸之路探秘游"团队游哈密，第一个要去的点便是五堡古墓。

五堡古墓方位在哈密市西南 70 千米处，我们走近时，顿感这里平常又不平常。这里平常的是，雪色和沙土与其他之处没有两样，不平常的是，这里是 1979 年上海自然博物馆展出的第一批古代女性干尸的出土地。

我们在五堡古墓地行走，发现地上有一些碎陶片和朽木片，我们用放大镜细心观察，然后妥善收存起来。

这时，一位白胡须的维吾尔族老人朝我们走来，他说 1978 年秋考古工作者在这里发现了古墓葬群，从那时起他就开始在这里看管墓地了。

我们请教老人："出土古尸的墓穴，确切在什么位置?"老人听罢，爽快地给我们带路。

在墓地西北角，有一个大约 5000 平方米的墓地，就在这里，考古工作者发掘到了三千年前的一具女性干尸以及五具形态各异的古尸。1979 年，上海自然博物馆展出这些古尸时，轰动了世界。

令人遗憾的是，这个墓地已经遭到了人为的破坏，被刨开过的墓穴裸露在外面，外层是惨淡的白雪，白雪覆盖之处形成了一个连一个的土坑。

老人带我们走到一处设有标记的墓穴，他用铁锹铲开积雪和沙土，揭去几根盖在墓穴上的木头，一个长方形状的墓穴展现在我们的眼前。一眼看去，这个墓穴长有2米，宽1米左右，深1米，墓穴壁用胶泥抹得十分光亮。

据看墓老人介绍，在这一小片地方发掘过29座墓穴，占整个古墓地的十分之一。这些古墓建得相对集中，相距一般三至五步。

老人指着刚才那几根盖在墓穴上面的木头说："这几根木头是戈壁滩上常见的野生胡杨。"我们抚摸着一根碗口粗的木头，很难相信这根木头饱经了三千年的沧桑。

看墓老人说，1978年秋，古尸出土时，他就在跟前，他看见一具具古尸十分完整，似活人睡觉一般，尤其是一具女尸，仰面躺着，面容是古铜色，看上去还很年轻，头发是金黄色的，头上梳理了好多条小辫子，有人用手指按按她的皮肤，好像还有弹性，再用手敲敲她的前胸，可以感到胸腔内的脏器还比较完整，就连她的手指甲也完好无损。

老人说，古代女尸身穿的长袍是毛织物，腰上束有带子，脚上穿的是长统皮靴，一身端庄的服装配上她姣好的身段，活脱一个美女在睡觉。

风雨无情，五堡古墓已被冲刷得失去了原来的模样。岁月有意，五堡古墓一直在低诉着一个流传久远的故事。我们穿行在五堡古墓之间，只觉得心里沉沉的，仿佛内心在倾听着一种古老的声音。

看天气要变，我们准备离开，同行的人中有个人叫司建怀，是东莞市高级中学的历史老师，他说："新疆哈密五堡有我国发现古代女尸最早的墓穴，古尸能保存得这样完好，这是一个神奇的历史遗迹，我们今天得以相见，非常荣幸。"

踏寻乌拉泊古战场的遗风

张迎春

这是"乌鲁木齐第一城"吗？经过了千百年战火的摧残和风雨侵蚀，昔日的轮台城城址犹存，角楼、墩台和城门依然清晰可辨。看懂了这座古城的人，谁都会为城垣内外古代人征战的庞大气势而怦然心动。

《走马川行奉送出师西征》、《轮台歌奉送封大夫出师西征》《白雪歌送武判官归京》，为什么唐代著名边塞诗人岑参的这三首诗歌，被古今中外的人们一直动情吟咏？岑参如此看重轮台，放歌轮台，并非偶然。

在中国古代西域，有两个地方被称为"轮台"城。一个是汉朝轮台，就是现在的轮台县城的东南城，是汉朝政府最早在西域屯田的地方。另一个是唐代轮台，现在乌鲁木齐市南郊的乌拉泊古城。说乌拉泊古城是唐代"王道上的王城""丝绸之路的代表城"一点也不为过，说它是"乌鲁木齐第一城"也名副其实。古丝绸之路上唐代商旅经过此地必须在这里办理"出国护照"和"通行证"，千兵把守在这里，任何人走进新疆都要经过此地。难怪岑参对此情有独钟，它的重要位置是其他西域古城难以替代的。

乌拉泊（唐轮台）古城远远没有吐鲁番高昌古城那样雄伟壮观，但唐代西域城池里所有的东西，这里样样都有。整个古建筑布局精巧，错落有致，塔楼、牌坊、钱庄、布店、酒楼等，你透过断断续续的残垣断壁，似乎看到了盛唐时期这里一片繁荣发达的情景。

记者迎着秋风走进这座神秘的古城，在它那饱经沧桑的身姿上，寻找着大唐王朝时期这座古战场上发生的一切。登上刚刚修建的古城门瞭望台，整个古城全貌一下子尽收眼底。乌拉泊水库、高等级公路和远处隐约可见的风力发电站，周围现代化的建筑包围在这座古城遗址四周，让它显得更神秘而富有历史文化底蕴。

整个城墙基本呈长方形，四个城角还看得出存留下来的角楼遗迹，在阳光的辉映中发出橘红色的光，显示着昔日的威风。外城墙突出的痕迹，似乎有古代守城兵丁严阵以待的身影。据考古专家和历史学家们测算，当时的城墙高宽都在十米左右，比较壮观坚固。现在，这些在空旷中耸立的残垣断壁，依然能显示出整个古城气势磅礴的"身影"。

在古城的西南方向有一个角台。虽说角台上的角楼没有了，但你会有一种古代征战时守卫者们居高临下、多角度地严密监视敌人的感觉。相对而言，南面的墙体保存比较完整。城墙向外凸着，形体修长。看得出，这个被称为"马面"的墙体十分牢固，一旦兵临城下，所有守候在"马面"上的兵将们，可以立即从这里交叉火力进行射击，严密的防守兵力布局，敌人不一败涂地才怪。你可以发现，每隔一百米左右，都筑有瞭望敌人的"敌楼"。可惜的是，千百年风吹雨打和人为破坏，现在已很难寻觅当初那巍峨的"敌楼"了，甚至宽大高耸的墙体也多处坍塌。是一尊卧佛吗？是一个警惕的战士吗？还是前仆后继的顽强生命？"轮台城头夜吹角，轮台城北旄头落。"尽管诗人所描绘的这些壮观场面已经一去不复返了，但只要你细细观赏，你会在这些残存的墙垣上有所发现。

放眼望去，脚下是历经沧桑的古城遗址，眼前是一片荒漠之地，远处是水天一色的湖光景色，乌鲁木齐这座建设中的西部大都市的郊区，竟有如此美妙的风光，让人惊奇不已。难怪两年前乌鲁木齐市各族居民欣然投票，将这里选为了乌市著名的新十景之一。记者完全被这座古城所散发出的一种独特的文化魅力迷住了。

现在，刚刚开业的乌拉泊（唐轮台）古城景区正吸引着越来越多的中外游客，大家都在这里体味着古代战场的昔日辉煌，追寻古老的文明。新疆德昌旅游开发有限公司正将这里设计筹建成一个新疆重要的旅游场所、影视基地、军事演武区、考古园区和唐代诗作碑林区，三年后的乌拉泊（唐轮台）古城将被装扮一新。

探访佛教圣地——巴仑台黄庙

丹江水

一个偶然的机会，我与几位同行有幸走进巴仑台黄庙。

出和静县城 18 千米，车沿着狭窄的巴仑台河谷向天山的深处驶去。进入老巴仑台沟内，清风携带着淡淡的青草味和花香拂面而过。远处，陡峭的山脚下缕缕薄雾在茂密的古树林上空漂浮，一座黄色的庙宇在远处隐约地屹立着。我注视眼前这神圣而又神秘的庙宇，虔诚地踏上了生钦桥，走进土尔扈特部的佛教圣地——巴仑台黄庙……

走进巴仑台黄庙

首先映入眼帘的是两座高 17 米的白色佛塔（按照原样修建的），塔内藏有五谷杂粮、药材和刀枪弹药，寓意国泰民安。塔顶部各有一尊纯金佛像，两座佛塔尖也由黄金包裹，据说一共用了 17 千克黄金。两座佛塔正后方，便坐落着黄庙，蒙古语是夏热随木。

进入黄庙大殿，我们按照佛教的规矩顺时针方向先进左侧门再往右转。大殿门上绘制的四大金刚威猛无比，四壁护法神像生动精美，殿内 13 幅宗教壁画更是栩栩如生。

在大殿中央供奉着的一尊高达 2.7 米的金身麦得尔佛像引起了我们的疑惑。

在其他庙宇，一般供奉在正中央的是佛祖——释迦牟尼的佛像，为

53

什么黄庙将麦得尔佛作为主神供奉呢?

巴仑台镇宣传干事军民华的解释让我们对黄庙的历史文化有了新的认识。

佛有横三世佛、竖三世佛等称,黄庙主要供奉竖三世佛。竖三世佛指过去佛释迦牟尼佛、现在佛燃灯佛和未来佛麦得尔佛。土尔扈特的西迁和东归,都是在寻找一个自由而美好的明天。麦得尔佛在土尔扈特人心中是自由与未来的化身,人们对明天充满了期望,因为它能给人以幸福的未来,所以在土尔扈特人的心中麦得尔佛是最尊贵的佛。

九世宫明活佛的灵坛供奉殿中。在佛像的左右两侧,藏经柜内黄色经布包裹的经书引人瞩目。柜内珍藏着许多珍贵的经卷,共有108卷经书。黄庙藏经中最著名的是甘珠尔经,正是唐玄奘去西天要取的经文,其宣讲的是深奥的生命哲学。

殿内的一切的确让人神往,但我们看到的黄庙已不是当年的模样。黄庙群目前仅有黄庙、却金库热、盖干拉吾龙三座殿堂尚保存完整,现有喇嘛26人。

如今我们只能从大殿内一幅绘有黄庙原来状况的油画里感受当初黄庙的壮观。

东西绵延2400米、宽600米的黄庙群虽比不上布达拉宫的宏伟,但它严格按照佛教最正规、最高规格的建筑模式修建。建有密宗学院、哲理学院、医学院等15个寺庙,整个建筑结构严谨,气概轩昂。主庙黄庙位于寺庙群的中心,其他14所寺庙则错落有致地分布在黄庙四周,布局严整,浑然一体,整个庙宇掩映在密林中,黄庙前巴仑台河哗哗的流水声中,隐约传来远古浑厚的法号声。

步出大殿,一种莫名的伤感涌上心头:棕红色围墙黄色的瓦,现代色调浓厚的黄庙度假村的两层接待楼,几顶供游客休息的白色蒙古包,还有解放后在原来庙址上建筑的学校,穿插黄庙群中。黄庙与右边随后恢复的辩经堂、护法神庙、生钦活佛府显得是那么孤单!12座黄色的庙宇永远消失在历史无情的车轮之下。

据记载,黄庙群始建于清光绪十四年(公元1888年),由土尔扈特汗王布彦绰克图主持修建。实际上早在清咸丰十年（1860 年）即开始酝酿和选择庙址了。

黄庙宗教法名"夏尔布达尔杰楞"，意为"黄教圣地"。黄庙背倚天山，东边有绿树托太阳升起，西有响河唤蓝天之灵。

修建黄庙　山羊立功劳

土尔扈特人以牧业为生，逐水草而居。最初的宗教佛事活动都在蒙古包里进行，蒙古包搬到哪里，佛事活动就在哪里进行。到了满汉王的祖父布彦绰克图在位时，决定在老巴仑台修建庙宇。

黄庙是历经千难万险、冲破沙俄重重封锁和堵截，从伏尔加河畔回归祖国的土尔扈特部南路各部的总庙，从而留下许多故事。

黄庙从酝酿、策划、选址到动工兴建历时二十多年。在选址上特别考究，最初被选中的有察汗腾根、哈布托海乌苏、夏尔萨拉和老巴仑台沟。但因种种原因，庙址一直未能确定。最后，专程派人去甘肃省的额济纳土尔扈特蒙古部落，请来了学识渊博、德高望重的罗热桑布勒喇嘛，经由他察看、指点，并经西藏第五世达赖喇嘛恩准，求得光绪皇帝同意后勘定。

建庙共耗费黄金 500 两，从内蒙古、西藏请来了能工巧匠。木材和砖块等材料均来自伊犁和内地。因当时整个老巴仑台沟内榆树茂密，牧道陡峭，大畜驮运货物不便行走，便先用牛、马、骆驼将材料运至老巴仑台沟外，再由山羊驮至沟里。山羊是在黄庙修建中立下大功的。

人们都知道山羊不像骆驼和马，天生就有运输货物的本领，几千只矮小的山羊怎样才能听话，驮着沉重的石料行进在山谷、沟底，那浩浩荡荡的壮观场面至今仍让人浮想联翩。

前山七象嬉
后山雄狮踞

在黄庙的后山上,有一块巨石悬在山腰,巨石上挂满了经幡,随风飘舞,犹如巨狮雄踞,翘首张望太阳升起的地方,若守护神一般。

传说,巴仑台山神不让在此地建庙,破土动工的那天,山神将山顶一巨石推下,欲阻止兴建。此时四十九位喇嘛一起念经,念了七七四十九天,最终将那块巨石固定在了山腰,黄庙才得以继续建造。

黄庙对面的一座大山,凸凹有致的山顶像头大象的背部,顺着大象雄壮的背部往下看,错开的小山头活像七头顽皮的小象,在母亲的怀抱里嬉戏。站在谷底,整座山看起来又似一头大象挺着那巨大的鼻子,慈祥地呵护着怀里的孩子。要是它能够出声,可以想象,它的鼻音定会像惊雷一样,从山谷的这头传到那头。

曾有西藏高僧来此观后断定:前后两山有神灵,河水穿过密林,谷内神秘幽静有灵气,是诵经、修身养性的好地方。

黄庙鼎盛时期,僧人达到过 3800 人,香客络绎不绝,整个山谷里,青烟笼罩,法号声回荡。光绪皇帝曾为黄庙赐名"永安寺"。

黄庙建成百余年来,一直是土尔扈特、和硕特喇嘛教徒朝觐圣地,也成了新疆喇嘛教四大庙宇之一。自 1984 年以来,班禅大师、生钦活佛先后几次来黄庙,赞美这山、这水、这庙有灵气,于是,在人们的心目中黄庙更增添了一层神奇的灵光,香客、信徒们称黄庙为"小布达拉宫"。

探秘草原古墓

李桥江

伊犁哈萨克自治州的草原、山区，分布着众多神秘的古墓。其中，许多古墓如小山一般大小，有些古墓附近还立有大小不等的石人雕刻。当地民间传说，古墓是蒙古人的坟墓，也有的说是乌孙古墓，还有人说大墓里都是黄金。

2002 年至 2004 年，新疆维吾尔自治区考古研究所和伊犁州文管所对伊犁河谷特克斯、尼勒克等地的上千座草原古墓进行了抢救性发掘。

西汉五铢铜钱

2003 年 6 月 12 日，西北大学考古系的九名学生，在导师的带领下，在特克斯县恰甫其海墓地发掘。然而，五十多座已经发掘的墓葬，出土的随葬品却少得可怜。尽管这些学生知道恰甫其海墓地是平民墓地，出土物中不可能出现奇迹，但失望的情绪还是笼罩着大家。

第二天，发掘现场移到特克斯河边台地最后一块墓地。当时还是学生的张中华心里盘算着，要是能挖出一枚铜钱就好了。台地上的古墓很明显，一堆堆高 1 米左右、几乎被野草封盖的卵石堆，在台地上形成了一片乱坟岗。

张中华没有料到，奇迹还真的出现了——古墓中竟然出土了一枚

57

五铢铜钱。

史料记载,公元前 125 年,张骞到了乌孙,并从此开创了西汉王朝联合乌孙共同阻击匈奴的战略格局。那么,这枚五铢铜钱是西汉还是东汉年间的呢?

新疆维吾尔自治区考古研究所研究员吕恩国从铜钱的字体以及大小、形状上推断,这枚五铢铜钱是西汉时期的货币。但是,随之而来的,有关五铢下葬年代的问题又困扰着考古工作者。这枚五铢铜钱既可能是墓主作为家传之物流传下来的,也可能是下葬时流通的。如果是后者,那么张中华发掘出来的五铢铜钱,距今至少两千年以上!

三个孩子头骨

在发掘过程中,出现了许多让人不解的现象。其中,最蹊跷的是一座墓穴里仅埋着三个呈三角状摆放的小孩头骨。当时生活在这一地区的人是出于什么原因,将三个孩子的头埋在了一起?他们的身体又到哪里去了呢? 另一些显然没有被盗过的墓葬,尸骨为什么凌乱不堪、缺胳臂少腿? 这会不会就是二次葬?

二次葬在游牧社会是常见的墓葬形式。这与游牧生活的不确定性有关。迁徙途中出现人员病故和意外死亡不可避免,那么只好就地掩埋。乌孙先民信仰萨满教,认为万物有灵。在这个前提下,他们不会轻易抛弃尸骨。他们会在合适的时间将尸骨挖出来,迁往氏族公共墓地。因此,大多数史学研究者认为,尸骨不全现象是二次葬的结果。

尸骨残缺的另一个原因是自然腐烂和小动物作怪。

伊犁河谷发掘现场出现的尸骨凌乱和尸骨不全现象,绝大部分缺少的都是手骨、脚骨等小骨头。显然,其中大部分情况是腐烂或被小动物啃食造成的。

至于一座墓葬中出现三个孩子头骨,吕恩国认为,极有可能是二次葬。

扑朔迷离的宝藏

新疆考古所专家发掘的是一座高 6.4 米、直径 61 米的大墓。此前发掘的贵族墓全部被盗掘、出土文物较少的现实，让考古专家多少有点沉不住气。

收获还是有的。众多锈迹斑斑、几乎分不出形状的铁器的出现，让吕恩国断定，这一带的古墓的确是乌孙古墓。而在塌陷墓室的土层中不时发现的盗墓者遗落的金箔碎片，则表明乌孙贵族墓肯定随葬有大量的黄金制品，与民间传说相似。

1978 年，苏联考古工作者在伊塞克两座乌孙古墓中一次出土了8000 多件金器。2004 年，中亚斋桑泊地区考古发掘过程中，再次出土了大批乌孙黄金。

1997 年，伊犁地区昭苏县在修筑公路时，挖掘机无意间挖出大量的金器，后来通过收缴，得到 80 余件金器，其风格与伊塞克金器相同。随后的清理发掘却让人纳闷，现场没有发现墓葬。显然，为了防止盗墓，古人颇费了一番心思。除了隐穴，他们还能将宝藏埋在什么地方呢？伊塞克古墓和昭苏县出土的黄金，恰好印证了人们的推测。

乌孙人哪里来的如此之多的黄金？中外史料为历史研究工作者提供了答案。吕恩国推断，公元前 323 年到前 334 年，亚历山大对古中亚地区征伐，及其建立起来的横跨欧亚大陆的亚历山大帝国，切断了乌孙人同欧洲大陆的贸易往来。阿尔泰的黄金断绝了出路。于是，乌孙人便将大量的黄金用于制造工艺品和生活用品。

没有结尾的结尾

伊犁河谷的考古发掘是一项复杂的系统工程。发掘数量虽然很大，但相对于北疆地区数以万计的草原古墓而言，这次发掘只是揭开了古代乌孙文化的冰山一角。

　　吕恩国告诉记者："从发掘情况来看，水草丰茂的北疆草原上有多个草原民族生活过。有史可考的曾经生活在伊犁河流域的草原先民还有月氏、匈奴、突厥等民族，新来者总是占据旧有者的地盘；发掘情况印证了史料。既有史前时期塞种人的墓地，也有年代较近的突厥古墓。但可以肯定的是，散布在北疆草原上的绝大多数的巨型土墩墓、石堆墓是乌孙人留下的。伊犁河谷还发掘出数量可观的陶器，其制作风格主要以大口缸形器为主。从国内外的考古研究成果以及发掘成果看，从史前时期的塞人到乌孙人，直到现在依然游牧于北疆草原的哈萨克族，三者之间有着明显的传承关系。"

　　至于那枚五铢铜钱的来历，记者采访时，吕恩国和同事正在研究中。

唐代龟兹高僧——莲花精进

霍旭初

古代龟兹是个人杰地灵的地方。在地缘和人文因素造化下,龟兹历代都有杰出人才涌现。十六国时期的鸠摩罗什和南北朝时期的苏祗婆是名垂千古的龟兹精英,是世界性的文化巨擘。此外,还有许多有名或无名的龟兹人,记录在史册里。

佛教传入西域后得到巨大的发展,龟兹深厚的文化土壤为佛教发展提供了优越的条件,龟兹成为塔里木盆地北缘的佛教中心地。在龟兹佛教历史上,一批造诣高深的佛教高僧大德都在此讲经弘法。除了"道震西域,名被东国"的鸠摩罗什外,还有鸠摩罗什的师父佛陀舍弥,他是当时龟兹的佛教领袖。在中国中古史上,有不少龟兹僧人和居士到中原传播佛教、翻译佛经,著名的有三国时的帛延,东晋的帛元信等,他们为中原佛教发展作出了巨大贡献。到了唐代,龟兹佛教进入了比较稳定的发展时期,同样有不少杰出的高僧涌现出来。有代表性的高僧有:初唐的木叉毱多和盛唐的莲花精进。这里主要介绍鲜为人知的莲花精进。

莲花精进的事迹,史籍上记载不多。他的事迹主要记录在两部历史文献里,一是唐德宗贞元十六年(公元 800 年)成书的《悟空入竺记》;一是成书于北宋太宗端拱元年(公元 988 年)僧人赞宁撰的《宋高僧传》里的《莲花精进传》及《唐上都章敬寺悟空传》。以上文献虽然文字不多,但却透视出非常重要而珍贵的历史信息。

莲花精进是汉语的意译。莲花是佛教的圣花,有纯净、慈悲的含义。

精进即勇猛不懈地修持佛法。从名字中都可知莲花精进是一位精研佛学、严格持戒的大德。莲花精进按龟兹当地的吐火罗语发音为勿提提犀鱼。法国著名汉学家列维曾对勿提提犀鱼作过对音和语音复原研究，认为原音的拉丁文转写应该是 Utpal-tarrao。根据这一对译，勿提提犀鱼的鱼字可能是鲁字误写。但勿提提犀鱼之名已约定俗成，与汉译莲花精进并用于佛教史籍中。

在莲花精进的事迹里最突出的是莲花精进在龟兹将梵文《十力经》翻译成汉文。关于这段事迹，还要从唐代僧人悟空赴印度的故事说起。

唐玄宗天宝九年（公元 750 年）罽宾国（今克什米尔）遣特使到长安，表示愿归附唐朝。次年，唐玄宗派中使内侍省张韬光带使团前往罽宾进行安抚。使团中有一任"左卫"的鲜卑人，名叫车奉朝。天宝十三年（公元 754 年）使团抵达罽宾国王冬天驻地犍陀罗。当使团启程回国时，车奉朝患重病，无法随团回国，便留在罽宾养病。病愈后，车奉朝出家皈依佛门，师从犍陀罗三藏法师舍利越魔，并赐法号，名法界。此后他游历北、中天竺，访师问道，瞻礼佛迹。后来，他思念故土，要求回国。舍利越魔赠予梵文《十力经》《十地经》和《回向轮经》及佛舍利等圣物。回国途中，他在龟兹停留一年多。此间，请龟兹莲花寺高僧莲花精进将《十力经》翻译成汉文。后又到北庭（今吉木萨尔）请于阗僧人尸罗达摩将《十地经》和《回向轮经》翻译成汉文。贞元六年（公元 790 年）车奉朝回到长安，被安置在章敬寺，并正式赐法号为悟空。贞元十六年高僧圆照编撰《贞元释教录》时将《十力经》收入，不久圆照访问悟空，将悟空在西域、印度的所见所闻写成《悟空入竺记》。《悟空入竺记》被收进《贞元释教录》，并成为《十力经》的序言。于是悟空在印度、西域的经历和莲花精进的事迹方被记入史籍。宋代赞宁根据《悟空入竺记》的资料，又经补充，在《宋高僧传》、《译经篇》中正式为悟空立传。另外，赞宁的《宋高僧传》里也为悟空立有《唐上都章敬寺悟空传》，其中记录了莲花精进的部分事迹。

《悟空入竺记》、《莲花精进传》和《唐上都章敬寺悟空传》里都记载悟空在龟兹时"至诚祈请"莲花精进将《十力经》译成汉文，莲花精进欣然应允。他翻译《十力经》时"可用东纸三幅成一卷",这段文字包含两层意思,一是翻译时用的是中原内地生产的纸;另一层含意是莲花精进是按中国传统方式书写的。《十力经》是一篇较短的佛教经典,所以三幅纸就可成为一卷。

《十力经》是释迦牟尼在印度舍卫城说法的佛经之一。内容是讲佛有十种非凡的"智慧力",也是佛的"神通力"。获得"十力"是释迦牟尼成道的标志之一。有了"十力"才具备观察世界一切的能力和创造佛教原理的智慧。因此,佛教曾将释迦牟尼称为"十力尊",将佛教称为"十力教"。

从莲花精进所译的《十力经》文字看,其汉文水平相当高。不论词汇、语法、结构、行文都符合佛经文体的规准,与同时代中原汉僧翻译水平没有差别。据《悟空入竺记》所记,莲花精进"语通四镇,梵汉兼明"。所谓四镇系唐代安西大都护府所辖的四个军事重镇:龟兹、焉耆、疏勒和于阗。根据学者研究,龟兹使用的语言是吐火罗 B 种语言;焉耆使用的是吐火罗 A 种语言,于阗使用的是和田塞种语,而疏勒使用的叫 Su-dani 语。莲花精进能通四镇的语言,说明他有相当深厚的西域语言能力。"梵汉兼明"更表明其精通印度梵语和中原汉语。在《唐上都章敬寺悟空传》里还记载他"善于传译"。看来莲花精进既是佛教大师,又是翻译佛经的高手。他翻译的佛经必是相当的丰富,可惜现在流传下来的只有《十力经》一卷了。

在中国佛经翻译史上,开始都是印度、西域僧人到中原学习、掌握汉文后,才进行佛经翻译的。后来,中原僧人学习梵文或西域语言开始从事佛经翻译,逐渐取代西方来的译僧。随着时代发展、历史前进、文化交流的深入,从南北朝开始,佛经翻译事业出现了倒转的情况。即中原汉僧将中原产生的汉文佛经翻译成梵文回馈给印度。在这种文化潮流里,西域僧人在当地用汉文翻译梵文佛经应运而生,成为非常引人瞩目的文化现象。龟兹的莲花精进和于阗的尸罗达摩就是西域僧人在当地用汉文翻译佛经的代表人物。

自西汉开始,西域成为中国版图一部分后,在长期的文化交流中,中原文化对西域产生了十分深远的影响。汉宣帝时,龟兹王绛宾携妻到中原朝贺,带回中原礼仪和乐制并在龟兹推行,是汉文化在龟兹推广的第一个高潮。近年有学者研究,南北朝时期在龟兹除了本地使用吐火罗语外,可能还有一种"华言"流行于龟兹。隋唐间,由于汉人大量移居西域,汉文化更是普及于西域各地。特别是唐代在龟兹设立安西大都护府时期,中原官吏、军人、僧侣、文人、商贾等往来西域络绎不绝。龟兹是西域政治、军事、文化中心,故集中了大量中原人。在一百多年里,汉文化进一步深入龟兹,在龟兹以至于整个西域流行汉语已成风尚。据从敦煌藏经洞发现的慧超撰的《往五天竺国传》中记载,龟兹有大云寺和龙兴寺两处汉僧住持的寺院。龙兴寺的住持法海,是出生于龟兹的汉僧,说明已有两代僧人在龟兹生活。在库木吐拉石窟里龟兹风洞窟与汉风洞窟咫尺相邻,在佛教法会、讲经诵律时互相影响、互相学习。龟兹僧、汉僧语言文字交流是大势所趋。在龟兹出现能用汉文翻译梵文佛经的高僧,是植根于西域的汉文化传统和大唐一统时代的文化背景所造就,是历史发展的必然。

天山北麓惟一现存的石窟寺

薛宗正

石窟寺指开凿于山崖上的佛教洞窟,俗称千佛洞,每一个石窟寺都是一系列精美建筑、雕塑、绘画艺术的有机组合。克孜尔、库木吐拉、吐峪沟、柏孜克里克等新疆现存的著名石窟寺群大都分布在天山南麓,难道古代佛教同样盛行的天山北麓,就没有开凿任何千佛洞吗?

其实,天山北麓早已开凿了石窟寺,它就是唐宋时期的北庭高台寺故址——吉木萨尔千佛洞。这是天山北麓惟一现存的石窟寺,窟洞至今仍存。

吉木萨尔千佛洞的重新发现包含着一个有趣的故事。今吉木萨尔县清代名为济木萨,早在乾隆二十四年(公元 1759 年)已设了济木萨巡检,起初主要是主持当地绿营兵的军屯,后来随着民户的增多,也兼管当地民政。清乾隆三十五六年间(公元 1770~1771 年)有一位家住济木萨城的卖菜人患了严重眼病,即将失明,好在熟悉山路,每遇天气晴朗,就到山上捡柴。一天突然眼痛难忍,萌发了自杀念头,好不容易摸索到山冈一棵大树下,解开腰带,打算上吊,这时耳边传来一个和蔼可亲的声音,劝他不要轻生,快到山下泉水边用泉水洗眼,回问时则四无应声,惊坐半日,耳边又响起了同样声音,如此者三。卖菜人半信半疑,爬下山坡,果真传来溪水声,爬到溪边,用水洗眼,跪地起誓:果真神明护佑,治好眼病,情愿出家为僧。果真疼痛逐渐停止,眼帘渐渐透明,他望空叩谢。背山歇坐,忽见坡土坍裂,透出白灰墙壁,用手刨挖,发现里面竟是空的，并有门洞形迹。出山后遍告乡邻，纷纷携带锹镢等工具，进山刨开山门，洞形如半月，光线黑暗，燃烛照亮，一座卧佛，身长丈六，金面跣足，横亘后室，又有铜佛，大小不计其数，自尺余至三五寸不等，上面都有土花锈蚀痕迹，昭示着时间的古老。洞窟内壁画，颜色如新，建筑龛洞也都保存完好，是极少数未毁于东察合台汗国宗教战争的幸存佛寺之一。这足以说明此洞是在大战来临前，预先埋盖封存的。

清代汉民都虔信佛教，纷纷集资，在恢复千佛洞本来面目的同时，在洞口修建了大殿。这位菜贩当日落发，成为寺院住持。庙会渐兴，此后历代增修，兴建了殿、观、庙、阁等附属建筑群，成为东部天山诸县汉民佛教信仰的中心。

德国人勒寇克1904年重新发现鄯善吐峪沟、吐鲁番柏孜克里克千佛洞，切割了大量壁画，被西方人推崇为新疆石窟寺发现之始，而1770~1771年发现的吉木萨尔千佛洞远远早于上述时间约200余年，因此完全有理由视为新疆石窟寺重新发现的真正历史开端。尤令人骄傲的是，这次重大考古发现是由中国人自己完成的。应当比后世外国探险家发现的佛寺更有价值。

吉木萨尔千佛洞发现之后，立即引起主政新疆高级官员的注意。乾隆四十九年(公元1784年)首任乌鲁木齐都统索诺木策凌曾利用巡阅营伍之便，亲临此洞，将洞中发现的铜佛九尊作为贡品进献北京。千佛洞的形制为半月形洞门，后洞有身长一丈六尺佛涅槃像，寺内土佛像则以千佛为主，大者尺余，小者三五寸，又具有鲜明的密宗色彩，昭示着这座佛洞在唐时始建，历经北庭回鹘、吐蕃统治北庭时期而继续保持繁荣。

吉木萨尔千佛洞如今古代壁画荡然无存，现在墙上壁画都是后人补绘，已无价值，但建筑形制仍然保持古窟原貌。佛窟宽14米，中央佛龛两侧各有圆拱门，仿支提窟形。尤为引人瞩目的是其甬道形制的反回字形结构，自中央佛龛两侧另开四条甬道，回旋前进。甬道第一层回旋进入中甬道，左右皆开佛龛，中供佛像；再次回旋前进，深进一层，仍是左右皆开佛龛；最后一道回旋进入后甬道，到达这座千佛洞的参拜终点——供奉俗称卧佛的释迦牟尼涅槃像前。这种回旋三进的形制，实属全国鲜见。今之卧佛像虽非古物，但佛座仍为原来形制。其余佛龛形制也仍保留旧观，其中洞窟南壁的罗汉群像明显不同于中原汉传佛教寺院的同类佛像的开龛方式，与北庭回鹘时期的西寺建筑形制也存在区别，很可能是全国独一无二。千佛洞前所留地面建筑，虽然是后世增修，但这些建筑非但未损伤石窟寺原貌，反而对这一千年古寺起了保护作用。直到清中叶以前，洞窟基本上保持唐代原貌。同治之乱，这里似属于孔才所部汉族民团的势力范围。千佛洞虽不可避免遭到破坏，但并非是毁灭性的。

新疆光复之后，光绪四年（公元 1878 年），千佛洞古佛寺群再度整修，每年农历六月初六开始举办历时半个月的千佛洞诵经大会，善男信女、僧俗人等云集寺院，祈福禳灾。1933 年，回族军官马仲英率兵入新疆毁坏了洞中的众多雕塑。1937 年，以孔才家族为首，募捐重修了部分建筑。解放后破除迷信，千佛洞荒废。1979 年后，重塑佛像，再绘壁画的倡议者就是孔才后人。这一家族对于千佛洞具有特殊的宗教感情，使得千佛洞至今仍是北疆东部汉民佛教徒顶礼膜拜、香火不断的所在。当地孔氏家族对于这一古代佛教遗址的变迁非常熟悉，所仿皆有所据，对于原有洞窟形制更是未敢擅动。虽然仅存一窟，却保存了新疆惟一、全国鲜见的建筑形制。

石窟寺是佛教文化东传的历史产物，集中代表了佛教的建筑艺术、雕塑艺术和壁画艺术的辉煌成就。新疆现存各石窟寺大都遭到不同程度破坏，即使保存最好的克孜尔千佛洞、吐鲁番柏孜克里克千佛洞、北庭西寺，几乎都已找不到完整的雕像。三项指标中存在两项就算不错了。吉木萨尔千佛洞直到 20 世纪 50 年代末，虽然雕塑早已全毁，仍有部分壁画残存，"文化大革命"后，壁画已不复存在，但洞窟形制仍基本上保存完好。仅此一项，就足以证明这座古代名刹仍然具有较大文物价值，需提高其保护级别。

吐峪沟：圣墓前的村庄

南子

　　这是早春三月的一天，我乘车沿着吐鲁番的火焰山一路前行。

　　一路上，鄯善县县委宣传部干事帕它尔给我说起了火焰山的传说。他说，火焰山寸草不生，其间却有六条沟，传说是因为当年一条恶龙被英雄喀喇和卓连砍了数刀，身体里流出六股鲜血而形成的。这每一条沟的名字几乎都与绿色有关：如葡萄沟、木头沟、榆树沟、柏树沟等。吐峪沟是这六条沟的其中一条。当然，这只是个传说，在我看来，我们熟知火焰山这个名字，却更多与《西游记》的故事有关。

　　现在，出现在我视线中的是一座真实的火焰山，它通体布满皱褶，远远地看上去，犹如真的有无数火焰在山上燃烧。由近及远，绵延百里的山峦遍呈红色，又像凝固的炽热光焰。而我要去的今属鄯善县的吐峪沟在吐鲁番市以南 47 千米处，它正深藏在火焰山的中段，处于火焰山的最高峰（海拔 831.7 米）。

　　古书上称其仙境，是"仙居之胜地""栖灵之秘域"——指的就是吐峪沟的麻扎村。它的现实是由时间沉淀下来的。环绕在村子周围的麻扎，以庞大和密集的阵势布满整个山坡，令所有到这里来的人，第一眼看到的就是它们。

　　吐峪沟的麻扎村全称为"麻扎·阿勒迪村"。"麻扎"一词源于阿拉伯语，意为"圣灵之地"或"圣人之墓"。"阿勒迪"是维吾尔语"前面"的意思。这个背依吐峪沟南口西侧的村落便因此被称作麻扎·阿勒迪村了，意思是"圣墓前的村庄"。不过，一般来说，人们口头上还是习惯于叫它吐峪沟村。

在吐峪沟村庄的整整三天里，切曼古丽带着我到处转。她是吐峪沟村村委会惟一一位负责宣传和接待工作的干事，也是村里为数不多的懂汉语的维吾尔族女孩儿。我俩在老居民区的路上走，不时地遇见在自家土墙下晒太阳的维吾尔族村民，他们三五成群地在"扎堆"聊天儿。不时还有村民驾着小四轮拖拉机"突突突"地从小巷子里摇晃着驶过，车上装满了新鲜的牛羊粪。3月21日，村民们刚刚过了一年一度的"迎春节"——诺鲁孜节后，葡萄地里的活儿也开始多了起来。村民看见我们走过，脸上很惊奇的样子。

吐峪沟村的传统民居基本上是用土坯和杨木筑建起来的。那一间间用黄泥涂抹的房屋，在黄昏柔和的光线中有一种特别的质感，古朴而原始。

由于吐峪沟老居民区背倚吐峪沟沟口的一块高地，所以各家的房屋看起来是从高到低、错落有致的排列，如凝固了的波浪沿山体向上翻卷而去，到达坡顶便戛然而止。有些房屋的一层就是地穴或半地穴式的，并有土质台阶通往地面的房间，从而形成自然的多层式建筑。

史载，以土坯垒砌或夯筑墙体的建筑手法在吐峪沟具有两千年以上的传统。吐峪沟北口属于战国至汉代的苏贝希居住遗址，其屋顶墙体基本上就是采用这种建筑形式。

可以说，深厚的历史文化积淀使得吐峪沟村具有丰富的历史文化内涵。近代以来相对隔绝的生存状态，使得吐峪沟村的民俗文化比较完整地保存下来。

我们在路过村里的老居民区一条横穿南北的小渠时，紧挨着路边的一处"景点"让人看了忍俊不禁：那是一大排用硬纸板搭建起的房子，都涂着土黄色的涂料，混杂在村子里整片民居建筑中，簇新簇新的，看起来有点假，不大协调。其中在一条小巷子的入口处还搭建起了一道拱形的门，上面写着"喀什车站"几个字，很醒目。一位维吾尔族妇女提着一桶水，从"喀什车站"下走过。看见我们在看她，便捂着嘴笑着从"喀什车站"下跑过去了。要知道，这里不知有多少村民一辈子连乌鲁木齐都没去过呢！

后来一问才得知，这处"景点"是去年冬天新疆天山电影制片厂拍摄电影《吐鲁番情歌》时特意搭建的，还来不及拆除。这令村民们一直感到很新鲜，只要是外边来的客人，村民们十分乐意带他们来这里看看。

近几年，随着新疆西域国际旅行社有限责任公司和鄯善县的联合开发，吐峪沟村的名气越来越大。现在是早春三月，吐峪沟村还没有游人。古老的村落沐浴在早春的暖阳中，很安静。"过了5月1日，来村子里的外地游人就开始多了，他们来这里看麻扎，看村子里的老房子。在村子里来来往往的，就会很热闹了。"特意带我来这里的切曼古丽说。

高处的麻扎

来到村子的第一天，我就赶上了吐峪沟村里的人为一位119岁的维吾尔族老人举行"乃孜尔"。那是早上，在靠近村子里惟一一条水渠的巷口深处，我看见一群身穿深色衣服的维吾尔族人，三三两两地聚在一个雕花双扇大门前，或蹲或站，但每个人的面色都极为凝重。显然，他们在等待一个古老仪式的开始。

这位119岁的老人刚刚去世，被儿子们葬在了吐峪沟村庄的麻扎里，也就从这一天起，他的儿子也将和同村的人一样，每到星期四那天，要到麻扎上拜祭死去的亡人。

在吐峪沟村，每周的星期四是当地的伊斯兰教民拜祭亡人的日子。这一天清晨，家有亡人的村民无论有多忙，都会放下手中的事情来到麻扎拜祭，给麻扎松松土，并叩拜祈祷，把生者的祝福带给死者。每到那一天的早上，前来麻扎拜祭的人络绎不绝，一个个身影在晨光中起起伏伏。

我来到吐峪沟巷口深处一户据说有着500年历史的古老庭院，我爬上这座古老民居平坦宽阔的屋顶，看见一位满脸皱纹的维吾尔族老妇人坐在一张满是尘土的旧花毡上，衰老使她蜷曲的身躯深陷在黄昏沉静的光芒之中,而夕光仍在继续雕刻着她的脸。

她的家里除了一位约摸十二三岁的女孩外,再没别人,这是她的重孙女。女孩伸出指头告诉我:这是我奶奶的妈妈,已有109岁了。

我后来听说,在这位老人100多年的漫长生存历史中,她的家庭中有9个亡故的亲人已先后安睡在位于吐峪沟村村西山坡上的霍加木麻扎中。

每当天气转暖,这位老妇人总是由重孙女搀扶着来到自家的屋顶上,长久看那片日光和月光中早已与村庄连为一体的霍加木麻扎。

现在,她已从容安详地进入到了人生的晚年。暮色落下,而新的一天仍将继续……

有人说,吐峪沟村像一卷经书,直指过去。在历史上,吐峪沟村的所在地曾经是一处佛教圣地,吐峪沟石窟群就分布在大峡谷两侧,分上下两层,被认为是该地区现存最早、保存石窟最多的佛教文化遗址。敦煌发现的唐代文书中称吐峪沟为"丁谷",古称"丁谷窟"、"丁谷寺"。据史书记载:"丁谷窟有寺一所,并有禅院一所。""雁塔飞空,虹梁饮汉"——是一处古高昌规模最大、建筑最早的名僧频出的佛教圣地。

这又让我想起吐峪沟村传统民居来。据说它的基本布局、建筑风格与吐鲁番地区交河故城和高昌故城中的建筑遗址有许多惊人的相似之处,显示出该地区在前伊斯兰时期建筑文化传统的一种延续。而民居内土墙上用以存放各类食物的壁龛的大量开凿和使用,无不显示出前伊斯兰时期佛教建筑文化的影响。这也从一个侧面反映出该地建筑文化在来源上的多样性。

但是最使吐峪沟村出名的,是有着距今2600年的墓地即霍加木麻扎。它位于吐峪沟村西的山坡上,在村庄的最高处俯视着全村。紧邻着新疆著名的伊斯兰陵墓,"伊斯兰教七大圣地"之一的"吐峪沟艾苏哈卜·凯赫夫麻扎",俗称"圣人墓"。艾苏哈卜·凯赫夫系阿拉伯语,意为"洞中人"。

据传,伊斯兰教产生以前,阿拉伯某个王国的五个少年前来东方寻找真主,国王为了阻止他们就派士兵前来追杀。他们跑到火焰山南麓,遇到了当地的一个牧羊少年。牧羊少年一见他们急匆匆的样子，就问他们从哪里来，要到哪里去。他们说他们来自阿拉伯，到这里来寻找真主，但国王要阻止他们，所以派了士兵前来追杀。牧羊少年听后，便要和他们同行，一起去寻找真主，他的牧羊犬一直跟着他，怎么也赶不回去。行至吐峪沟时，见一山洞，他们为了躲避追兵，就入洞修行，三百年后才出洞，但随之又入洞，此后不再复出。六人一犬后来都修行为圣。《古兰经》第十八章的"山洞人"故事与这个传说非常接近，所以每年都有世界各地的穆斯林前来朝圣。

在 2004 年的 7 月间，我也曾来到这里。听当地的阿吉讲，全世界共有七座圣人墓，吐峪沟的圣人墓，洞深三十多米，内有六座伊斯兰式土坟和一块犬状石。洞口有木栅栏，里面有一根木棍，传说它是七圣贤所遗之物，摸一下可获福佑庇护。洞外有一个麻扎，是土木结构，室内无坟，四壁挂满匾额锦幛，是朝拜者祈祷的地方。

据说，德国探险家冯·勒柯克也曾来过这里，想挖掘圣人墓，但他刚迈步入门就感到心慌腿软，满头冷汗，吓得他只好退出门外。他在《新疆的地下宝藏》一书中记载道："当我们想进入时，那门已被很多旗帜覆盖。"

吐峪沟村的历史有多长？可以说，吐鲁番的历史有多长，吐峪沟村的历史就有多长。传说这里的居民多为圣地守墓者的后代。伊斯兰教传入这一地区已是 14 世纪以后的事情。而这一带早在史前时期就已经有人类活动。从文献记载上看，至少在春秋战国时期，姑师（车师）人就早已成为了吐鲁番盆地的主要居民。

但对于这么一个有着两千多年历史的村庄来说，村里的人没有一个能说清楚墓地中究竟安睡着多少人。千百年来，偌大的墓地群紧邻着吐峪沟村，与葡萄园、农舍以及人们的世俗生活日夜相望。

低处的生活

吐峪沟村既有丰厚的历史，更有清晰的现实。

在这儿出生、长大的切曼古丽今年 26 岁，是新一代的吐峪沟村人，现在已是一位两岁孩子的母亲。她曾经是吐峪沟村为数不多的女大学生之一。四年前，她从乌鲁木齐高等院校毕业后，看到同班同学为了留在那座城市四处奔波打拼的辛苦后，她想都没想，便又重新回到了她从小就十分熟悉的吐峪沟村，成为村委会里一位年轻的妇女干部。一年后，她与一位本村的小伙子相爱结婚，过上了平静、安逸，几乎波澜不惊的小日子。

切曼古丽回忆自己三年前的婚礼：当她被新郎从娘家接来后，便开始在男方的家中举行正式的婚礼。她在进门前，要坐在一张红色的地毯上，由人抬起来从一堆燃烧的火堆上经过。尽管她从小生活在这个村庄，也见过村子里不少人举行过婚礼。不过她听大人说，这一种仪式在新疆其他地方的维吾尔族婚礼中是十分少见的，似乎是吐峪沟村的维吾尔族独有的，但是在内地汉族农村的婚礼中却常见这种类似"踩火盆"仪式。

某年 7 月的一天，一位来自上海的"背包族"—— 一个年轻俏丽的女孩，独自来到吐峪沟村，也是像我一样与切曼古丽不期而遇。晚上，她俩聊到很晚，谈女孩子之间的话题，谈城里的事情。第二天，上海女孩离开的时候，切曼古丽抱着孩子和女孩合影。上海女孩回去后，也很快地把冲洗好的照片寄了过来。

"上海"——当她的孩子用小手指着照片上的上海女孩时，我不知道，她的心是否已提前抵达了那里。

将葡萄晾晒成葡萄干出售是吐峪沟村村民的主要收入。一百多年前，德国的勒柯克就曾盛赞过这儿出产的一种葡萄，那就是吐鲁番无核白葡萄。

因为吐峪沟大峡谷的东西两壁素有"天然火墙"之称，温度最高时达 60 摄氏度。深谷底部的土壤呈黄红色，在峡谷南端形成了肥沃的小片绿洲。黄红色土壤最适宜种植无核白葡萄了，所以，这条沟也变成了单一的无核白葡萄沟，是吐鲁番无核白葡萄真正的故乡。这里出产的无核白葡萄粒大、味甜，素有"葡萄中的珍品"之称。

　　来吐峪沟村的路上，我看见火焰山脚下维吾尔族人家的彩门，就像一条长长的彩色画廊，我想那些生活在彩门后面的人，一定生活在美丽的童话世界里。

　　这一扇扇彩门让我想起切曼古丽家住在吐峪沟村尽头的那位远房亲戚哈孜·买买提，他是一位很有经验的绘制彩门的匠人。多年来他一直游走于吐鲁番、鲁克沁、连木沁等一带的维吾尔族乡村中，为乡村居民的庭院绘制色彩艳丽的彩门。一般来说，绘制一个双开彩门的价格在150到300元左右。可是，哈孜·买买提说："现在好多人家都安装铁门了，生意也不大好做了。"

　　尽管这里的物质生活还不完善，经济发展相对落后，但是吐峪沟的村民却在远离城市文明的静谧中，保持着纯朴的民风。正因为如此，吐峪沟也为民族学和人类学研究者进行田野研究提供了很好的案例。当我和切曼古丽在吐峪沟村四处游走时，在靠近水渠边的一户维吾尔族人家门口，切曼古丽用手指了指告诉我：在2003年，有一位来自新疆大学的学者、一位年轻的留着齐耳短发的汉族女孩在吐峪沟村搞田野调查，在这户维吾尔族人家住了整整一年。那时，吐峪沟还没有作为一个人文和自然景观被当地当作旅游项目开发，很少有游人，不为外界所知。年轻的汉族女孩来到这里后，穿上和当地维吾尔族妇女一样的衣服，很快就融入到他们的生活中。村里谁家有人去世，举行"乃孜尔"时，她便蒙着头巾跑过去，别人哭，她也跟着哭。村民中谁家迎娶新娘了，进行割礼了，举办"恰依"了，人群中也都有她的身影。

　　吐峪沟的维吾尔族村民们几乎都认得她，待她极为友好，还给这位女孩儿取了一个维吾尔族名字——帕提古丽，月亮花的意思。

　　她让我想起美国当代一位颇具传奇色彩的女人丽塔·戈尔登·格尔曼。她是一位作家，在她49岁那年，她毅然放弃优裕的美国上层社会生活，变卖自己的家产，成为现代社会的"游牧女"，奔向冒险，去发现生活的多样性……在世界各国最僻远的乡村都留下她坚定的脚步。每到一处，她即融入当地社会，学习语言，体验有差异的文化，并将充满悲欢的故事、场景呈现给现代读者，重新探索我们成人后封闭起来的心灵世界。

　　我喜欢倾听这样的故事、了解这样的女性。我走过这个女孩居住过一年的维吾尔族人家很远了，我还忍不住回头看了又看。

　　第三天早晨，我离开吐峪沟村的时候，吐峪沟村村委会主任沙塔尔·吐合尼牙孜正忙碌着招呼村民们对老居民区进行大扫除。一路上，从他和切曼古丽断断续续的谈话中，我听出好像这两天上面要来人了，为的是要拨款将霍加木麻扎重新修葺。沙塔尔·吐合尼牙孜一说起这事，一脸的喜悦。切曼古丽也面带微笑地听着。"这样的话，到了旅游旺季，来这里的游人会更多了。"按照切曼古丽的意思，游人多了，家里没有劳动力或者缺乏致富门路的村民们就可以在自己家里开家庭旅馆，做一些特色的饭菜来招待游客。这样的话，一个旅游旺季下来，可以为他们增加不少收入。

　　像所有来此的人一样，我来的时候第一个看到和最后经过的地方就是麻扎。那一大片属于吐峪沟村的公共麻扎，一个紧挨着一个，遍呈泥色，像从有着褐黄泥土的山坡上生长出来的一样。风吹过麻扎间杂乱的草叶，起起伏伏，摇晃出几丝幻影。太阳很快落了下去，给庞大的麻扎群投下了大片阴影。

　　我记起，梭罗曾在笔下这样描述过墓地："每个墓地都投下一片阴影，不仅由人的肉体，而是它的悲伤。墓地的阴影总是落在太阳的对面，中午短，傍晚长。你难道从未看见过它吗？然而，诉诸太阳，归根结底，墓地的阴影是最宽阔的。"

　　在路边，我看见一位维吾尔族老人牵着一个约摸四五岁的小女孩在麻扎边的路上走。小女孩走走停停，不时弯下腰来捡起令自己惊奇的东西——也许是一枚光滑的石子，也许是一张漂亮的糖纸。老人不时地停下来，目光温和地看着她——这是一幕动人的场景。

　　让我相信，这个在绿洲深处的古老乡村，有着它最坚定的容颜面对时间的流逝。

向着"麻扎塔格"进发

谢中

　　除夕的焰火和鞭炮声随着天明的到来逐渐疏落，乌鲁木齐市七一酱园超市前一片寂静。9点多钟，"全副武装"的黎戈（网名）驾驶着"陆风"来了，雪山（网名）驾驶着"北京213"来了。接着，李旗、古丽、杨澜江、王新民、李淑华、周跃先，都"全副武装"地来了。

　　"登车！出发！"领队黎戈的话音刚落，恰好超市门前广场上数百挂鞭炮同时点燃，好像是专门为他们送行。告别鞭炮声，五男三女向着他们心中的圣地"麻扎塔格"进发。

　　次日中午，他们站在了叶尔羌河、和田河和阿克苏河的交汇处。沿着和田河西岸向南望去，白茫茫一片，积雪掩盖着河面，给心中的"麻扎塔格"涂上了一层神秘的色彩。他们干粮就着矿泉水，匆匆填饱了肚子，车轮便辗入了和田河河床。

　　越野车行驶在积雪上，全然不知雪被下的奥秘。哪里是路哪里是河，很难分辨。越野车也就失去了那股野性儿。过了两个小时，大约走了五十千米后，他们停了下来。河床中间的雪面在缓缓游动，定睛一瞧，他们发现了雪底的暗流。过吧，有不知深浅之嫌；不过，有前功尽弃之憾。"亲自下水，一探深浅！"黎戈不知从哪儿来了一股倔劲，油门一踩驶进了河中心。眼看着河水夹杂着冰渣溅到了挡风玻璃上，他脚下的油门不敢有半点松动。"陆风"的威风在这时得到了体现，"轰轰"几下就爬上了对岸。他们跳下车来，回头一看，"陆风"的面孔惨不忍睹：防雾灯不见了,保险杠成了碎片,连着的部分破抹布似地挂在那里直滴水……黎戈心疼得直摇头,那可是一辆新车啊。

杨澜江拿起对讲机向后面的"北京213"发出信号,让他们先别过河,沿着岸边的树丛探路前行。兄弟般的两辆越野车只好隔河相望,齐驱前行。树丛中一道车辙都没有,雪山的"北京213"喘着粗气跑了半天,也没寻出个合适的路来,眼前却出现了两条深不可测的暗流。浮雪吓人,为了安全起见,李旗建议掉转车头,沿着"陆风"的足迹走。

两车又艰难地走到了一起。迎面一辆"东风"卡车在身边停下,几位打柴的维吾尔族老乡比比划划地向他们说着什么。还好,身为柯尔克孜族的古丽能够全部翻译出维吾尔族老乡的话语。老乡告诉他们,往前走20千米还可以,越往上游水越大,再往前走就不知道能不能过去了。悬念即刻落到每个人的头顶。老乡又补充说,为了和田河两岸的胡杨,1月初上面的乌勒瓦提水库就开始放水了。往年的这个季节,河床里一滴水都没有。他们还了解到,《中国国家地理》杂志社记者租用的一辆尤尼莫克沙漠车就是在前面陷入了暗流,半个车身都冻在了冰河里,救援工作只能等到开春才进行。

犹豫之时,天黑了下来,只好安营扎寨。帐篷搭起来了,他们才想到这天是大年初二。于是,点燃篝火,从背包里掏出牛肉、马肠,倒杯"英雄本色",开怀畅饮,相互祝贺新春。篝火烧得湿柴噼啪作响,不知是谁打开了车内音响,八个人的狂欢之夜由此开始了……舞毕歌罢,在把激情带入梦中之前,他们把带来的萝卜、大蒜和鸡蛋,都埋到灰烬下面的沙土中。

清晨,满树银挂伴着初升的朝阳,把红红的帐篷衬托得分外耀眼。早餐是"萝卜开会",白萝卜、黄萝卜炖在一起,大家吃得香甜。翻出埋在沙下的美味儿,更是别有一番滋味。饭后的诸葛亮会上,大家认真分析了形势,认为蛮干不行,只能原路返回,沿阿瓦提、巴楚、麦盖提,绕至墨玉,再向"麻扎塔格"进发。

大年初四凌晨3点钟,心中的"麻扎塔格"到了。"麻扎塔格"是塔克拉玛干沙漠腹地中的一处低山丘陵,从西北到东南全长约140千米，到和田河西岸戛然而止。麻扎塔格山东端有两个山嘴可俯瞰和田河，北面的山体由白砂岩构成，名为白山嘴；南面的山体由红砂岩构成，名为红山嘴。在红山嘴上耸立着一座吐蕃古戍堡遗迹和一座烽燧遗址，那里曾经是古丝绸之路南道的重要驿站。专家初步断定为唐代遗址，也有史学家认为是东汉班超时所建，但缺少可靠的历史依据。麻扎塔格山附近和田河东岸的山腰上有一处麻扎。据传为一个叫玛江汗的人之墓。

又是一个清晨，黎戈等人钻出帐篷，举目仰望"麻扎塔格"，山上的古堡、城门城墙尽收眼底。他们高喊："麻扎塔格，我们来了！"同时，一种使命感在内心涌动：回去后要为保护"麻扎塔格"奔走、呼吁。

新疆彩陶：终结中国文化西来说

李文瑛

　　大概距今一万年左右，全球气候逐渐变暖，在一些生态环境比较好的地方，人类祖先开始由采集、狩猎等单纯的攫取天然产物的掠夺经济向种植农业、饲养家畜为主的生产活动过渡。在许多大河流域的冲积平原上人口聚集，出现了定居的村落，人们学会了磨制石器的技术，并学会了制陶。我国考古发现的最早的陶器出自广西桂林甑皮岩、河北徐水南庄头等遗址中，年代在距今一万年左右。大约同时或稍晚，西亚一些文明起源较早的地区，也开始有了陶器，并陆续出现了彩绘的陶器。彩陶将线条、块面、色彩组织在陶器表面有限的空间里，让实用器蕴涵了人们的信仰、情感与审美观点，比之一般的素陶，彩陶的文化意味更浓。

新疆彩陶源于何处？

　　新疆早在何时有了人类居住，目前还是一个谜。从考古发现看，在哈密绿洲和罗布泊孔雀河流域，至少距今四千年左右已有早期人类活动，并留下了他们的遗骸。20世纪末，考古工作者在哈密火车站附近发掘了七百多座古代墓葬。这些墓葬的随葬品中，最常见的有陶器、青铜器等。陶器中有大量的彩陶。出土的铜器类型繁多，制作技术很高，表明当时的青铜制造业已相当发达，遗存所代表的文化已进入青铜时代（相当于中原的夏商时期）。由此产生了一个很明晰的概念：新疆彩陶出现于青铜时代。更多的考古发现证明彩陶在新疆从青铜时代一直延续到相当于中原战国前后的早期铁器时代，个别地区甚至到了汉代还有彩陶的孑遗。这与新疆东面的黄河流域、西面的西亚等地情况截然不同，在这些地方史前彩陶的出现和流行是在更为久远的新石器时代（距今8000~5000年前后）。面对新疆的这一考古状况，学术界曾有过不同的解释。一种比较流行的看法是，新疆地区新石器文化的主要内容是细石器，而不是彩陶；另一种观点认为，到目前为止，新疆的新石器文化还是个缺环，有待在将来新的考古发现中去寻找。事实上，近三十年来，新疆考古工作者的足迹遍及天山南北，目前已发掘的史前墓葬达四五千座。是期待在下一个新发现中找到解决问题的钥匙，还是利用现有资料，换一种思路从研究方法和理论上寻求突破，这些问题长期萦绕在新疆史前考古学者的心头。大量的地下遗存告诉我们，考古学研究的对象很具体，因地区不同、生态环境条件的不同，人类生存状态和社会发展进化轨迹也都不一样，很难用一个统一的什么模式来概括所有的史前文明。由于独特的地理位置、环境，新疆史前文明的进程始终受到周边文化的影响，这一点渐渐成为越来越多学者的共识。用更开阔的视野审视新疆彩陶文化，就会发现它不是由当地起源的，而是周边文化影响的结果。从文化和文明发生和发展的角度来讲，它属于次生文明和次生文化。

那么，新疆彩陶文化最早是由哪里传来的呢？是西方，还是东方？这里面关系着东西方学术史中一个著名的学术公案——中国文化西来说。

新疆彩陶西来说

中国文化西来说在西方学术界由来已久。在19世纪以前，西方大部分学者对东方文化还很陌生，而对欧洲本土和近东地区的文化则有较为深入的研究。当他们第一次接触到中国文化，自然拿它来和欧洲及近东的文化相比较，由于人类创造的文化特别是早期文化在许多方面都有一定的共性,从东方文化中不难找到与西方文化相似的地方,于是西方学者们便解释说中国文化来自西方或近东。这种中国文化西来说一开始只是停留在西方学者的无端推测和无据的妄想阶段,尽管在当时的西方学界传播得沸沸扬扬,但对有数千年历史和有着根深蒂固治史传统的中国知识界来说,并没有产生多大的影响。1921 年,瑞典非常有名的考古学者安特生在河南渑池县仰韶村发掘一处新石器时代的遗址,其中出土了大量彩陶,在其随后发表的报告中据此提出了仰韶文化的命名。安特生发现仰韶村的彩陶与东南欧的特里波里、中亚的安诺等遗址的彩陶有许多相同的地方。在当时的学术思潮中,所谓传播论十分盛行。传播论认为,文化的发明和创造是很困难的,而人群集团之间的文化学习和借鉴则是十分自然的事情。所以世界上许多文化是由一地发明后相互传播的结果。加上正值中国文化西来说在欧洲流行,在这样的背景下,安特生说:"然以河南与安诺之相较,其器形相似之点既多且切,实令吾人不能不起同一源之感想。两地艺术彼此流传未可知也。诚知河南距安诺道路极远,然两地之间实不乏交通孔道。"为了探寻彩陶的传播路线,安氏寻踪西进,由西安到兰州,再到西宁。1923 年和 1924 年,安特生一行在中国西北的甘肃进行了长时期较大规模的考古调查。经调查,安特生认为甘肃、青海地区发现的大量陶器都属于新石器时代,可归入仰韶文化,同时认为它们都是由西方传入,进一步完善了他的中国文化西来说体系。安氏的观点,在西方学术界引起了很大的共鸣,附和之声鹊起。德国著名的汉学家福兰克说,安特生的发掘结束了关于中国文明是绝对土生土长的教条。

由于安特生的中国文化西来说是建立在考古学基础上的,所以一出笼,便在中国的史学界引起极大的震动。一个具有四五千年连续不断文明史的泱泱大国,自己的文明怎么一下子就变成了是由西方移植过来的呢?受中国传统文化教育极深的学者们断不能接受,但同时也感到要推翻安特生的观点,最终解决中国文化起源这样的大问题,在有利论据上还有许多欠缺。不过,不少学者已意识到,在欧洲、近东和中国黄河流域之间,横隔着疆域辽阔的新疆,要解决仰韶文化彩陶西来说的问

题，须对新疆地区的彩陶进行系统研究。安特生对此也有同感："由地理
环境上分析，确实新疆为吾人最后解决仰韶问题之地也"。

新疆彩陶东来说

1931年留学归国的梁启超的次子梁思永先生，发掘了安阳高楼庄
的后岗。在这里，他发现了中国考古学史上著名的"后岗三叠层"，即仰
韶文化层、龙山文化层、商文化层由下而上的三层堆积，从地层上证明
中国的历史由史前至后是一脉相承的。梁先生的这一发现，对中国文化
西来说是一个很大的冲击。安特生认为仰韶彩陶西来的一个重要前提
是甘肃地区的彩陶年代比中原的仰韶文化要早。他提出甘肃彩陶文化
的六期说，这六期说中齐家文化最早，是第一期，仰韶文化是第二期。
1945年，著名考古学家夏鼐先生在甘肃宁定县（今甘肃广河县）半山区
发现两座齐家文化墓葬，在墓葬的填土中发现了两片仰韶时期的彩陶
片。据此，夏先生认为，在齐家文化的这两座墓之前，仰韶文化的彩陶在
这里已经存在了一个时期。夏先生的这一发现，第一次准确无误地指明
了安特生在考古遗存认识上的错误。此后，新的考古发现不断涌现，中
国文化西来说的影响也越来越小。只是一些别有用心的学者，为了特定
的政治目的，还在利用安氏旧说。实际上就安特生本人而言，他也在不
断地修正自己的看法。公允地说，安特生提出的中国文化西来说虽然受
到了当时欧洲文化背景的影响，但安氏本人并非是一个文化上的"帝国
主义者"或者说欧洲文化中心论者。安氏的观点更大程度上受到了当时
材料的限制，是对材料认识的局限性所致。他的观点也因材料的变化而
变化。1937年安特生再次来到中国，他对中国考古同行的考古工作和
收获做了认真观察，听取了中国同行的意见。1943年他出版了《史前中
国之研究》一书，通过对西亚和欧洲出土彩陶的反复观察，放弃了他19
世纪80年代的观点，认为"很难把仰韶文化的彩陶与西方彩陶联系起
来。中国彩陶是土生土长或来源于一个不知名的地方。"关于中国彩陶
的最早始源地问题则由他的下任高本汉先生去解决。他在这本书中，还

批评了带着欧洲文化中心说的眼光来看待中国文化的西方学者，他写道："当我们欧洲人在不知轻重和缺乏正确观点的优越感的偏见影响下，谈到什么把一种优秀文化带给中国来统治民族的时候，那不仅是没有根据的，而且是丢脸的。"中国彩陶西来说问题最终得以纠正，是在新中国成立以后，这也是新疆彩陶不断发现，研究不断深入的客观结果。由此可见，新疆彩陶发现与研究的意义非同寻常。说起来，新疆的考古开始的并不比中原晚，和中原地区一样最早是由外国人进行的。但从外国人挖掘出土的文物看，很少有史前时期的，史前彩陶就更少。1928 年黄文弼先生在新疆从事考古调查，发现了不少含有彩陶片的遗址，这样的地点约有 15 个，但所采集的彩陶片都太过残破。只有瑞典考古学家贝格曼从一商人手中收购到一件完整的双耳彩陶壶，据说这件器物来自且末县柯那沙尔城址中。黄文弼认为这件陶器的年代在公元前后，而贝格曼则认为在公元前 500 年前后。安特生也正是看了新疆的这些彩陶片后，进而修正他的旧说的。我国著名考古学家裴文中先生也及时指出，新疆彩陶很可能是由东向西传播，是由甘肃传入新疆的。

新中国建立后，特别是近三十年来，我国考古工作者加大了新疆地区史前考古的工作力度，揭开了新疆地区史前考古新的一页，对新疆彩陶的认识也逐渐深化。但这一探索过程颇为曲折。一直到 20 世纪 80 年代前，新疆的彩陶研究还一直延续着解放前的观点，彩陶被当作是新石器时代的遗存。这主要是受到中原考古学研究模式的影响，因为在中原地区，彩陶的产生和消亡是在新石器时代完成的，所以新疆彩陶一经出土，学者们很自然就把它们都贴上了新石器时代的标签。20 世纪 60 年代，考古学者提出新疆新石器时代包含三种文化，即"彩陶文化"、"细石器文化"、"砾石文化"。这里的彩陶文化指的就是那些发现有彩陶器和彩陶片的遗址和墓葬。到了 20 世纪 80 年代又提出新疆新石器时代文化包含三大类型，即第一类型是以出土大量细石器为特征的新石器时代文化；第二类型是以出土比较大型的磨制石器为特征的新石器时代文化；第三类型是以出土彩陶为主要特征的新石器时代考古文化。并认为，最后一种以出土彩陶为主要特征的考古文化，其时代可晚到战国秦汉。20 世纪 80 年代后，学者们开始对新疆出土彩陶的墓葬或遗址进行具体分析，认为它们大多属于青铜时代，晚者甚至到了铁器时代，少量彩陶则可能到新石器时代，在对彩陶所属时代的认识上终于向前迈进了一步。1983 年，陈戈先生全面归纳研究了 20 世纪 80 年代以前新疆地区发现的彩陶。他将新疆彩陶分为四个大的区域，基本上集中在天山山麓和昆仑山北麓地带以及塔克拉玛干大沙漠周围的绿洲带上，这一分布区，与新疆地区古代的交通线路一致。他认为，东疆地区的彩陶出现得较早，天山北麓地区的彩陶时代较晚。他将新疆彩陶和中原及中亚彩陶进行比较认为，在中亚除费尔干纳的楚斯特文化彩陶外，其他地区发现的彩陶与新疆地区的彩陶没什么关系，新疆彩陶的渊源在中原地区，由中原开始逐步向西扩展。

20 世纪 90 年代到 21 世纪开始的几年内，为配合大型基本建筑等工程，新疆展开了许多大的考古项目，截至 2000 年底，共计在五十多个地点，发掘史前墓葬四五千座，出土了大量彩陶。尤其是天山东部的哈密盆地、吐鲁番盆地、天山南麓河谷地带、伊犁河谷的发现，不仅逐步搞清了新疆彩陶兴衰的基本线索，而且对新疆彩陶文化的地方性特征也有了较为全面和深入的认识。同时，利用不断进步的自然科学技术，通过 ^{14} 碳测年，明确了遗存的绝对年代。经综合分析，新疆彩陶的时代属性也渐趋明了：出现于青铜时代，延续至早期铁器时代或者更晚。新疆彩陶研究最终跳出了"新石器时代"的樊篱。

中国彩陶西进路线图

如今已没有人会否认，新疆彩陶是很早就已开始的中国境内彩陶文化不断西渐的结果。考古学家们还勾勒出它西进的详细线路和具体时间表：至少在距今 8000 年前，黄河流域彩陶文化逐渐开始向四周扩张，距今 7000 年以后，进入到六盘山东西两侧；距今 5500~5000 年，扩展到青海东部；距今 5000 年以后，西进至酒泉境内的祁连山北麓；距今 4000 年前后，现身于新疆哈密地区。不过，这支东来的彩陶文化没有在哈密绿洲驻足，至少在距 3000 年以前，向西进入了吐鲁番盆地，同时沿天山间的山谷和山间通道进入乌鲁木齐周围，再向西沿着天山北坡的绿色通道，进入伊犁河谷；约在距今 2500 年前，彩陶文化继续向西挺进巴尔喀什湖以东，成为这里所谓塞克、乌孙文化的主要构成因素之一。但传播至此，彩陶文化已是强弩之末。公元前后的汉代，这支源于东方的古老彩陶文化终于被其他文化所取代。另外，彩陶文化在吐鲁番盆地中转，通过新疆中部天山的阿拉沟等通道，进入到天山南麓的焉耆盆地，向西分布范围到达轮台和库车盆地，向南还对车尔臣河流域的文化产生了一定影响。黄河流域彩陶文化西进是时下方兴未艾的早期东西文化交流研究中的一条重要线索。需要指出的是中国彩陶文化，在西渐过程中，沿途不断与其他文化交流、融合，逐渐形成新的地方性的考古文化。由黄河上游起点，通过河西走廊，在新疆地区沿着天山山脉这座沟通东西文化的大陆桥西进，终点到达巴尔喀什湖东岸一线，前后历时五千多年，沿途不同的考古文化是黄河文明一波又一波向外不断扩张的历史缩影。由于新疆彩陶主要是由东方传入的，所以它没有初级形式，一开始就显示出了复杂、成熟、规范化特点；并且在由东向西传播过程中，不同地区彩陶发展、流行的时期也不一致；大概到了战国前后，整个新疆彩陶开始走向衰落，纹样日渐草率，西汉以后彩陶在新疆基本绝迹。

至此，由于地处东西方之间具有关键性地理位置的新疆彩陶面貌逐渐明朗，中国彩陶文化流布西域，在理论和实践上都有了坚实的基础。与此相关一直持续的争论，也由此可以画上圆满的句号。

寻访鸠摩罗什出生地

霍旭初

被誉为中国四大佛经翻译家之一的鸠摩罗什,公元 344 年出生在龟兹。父亲鸠摩炎是印度人,母亲耆婆是龟兹国王之妹。鸠摩罗什自幼聪慧,初学小乘佛教,后改宗大乘。至青年时,鸠摩罗什在大乘学上成就斐然,他"道震西域,名被东国"。鸠摩罗什的巨大声望,成为中原前秦皇帝苻坚发动西伐龟兹战争的原因之一。

鸠摩罗什被前秦大将吕光携虏东归,行至姑臧(今甘肃武威)时,苻坚战败于淝水,前秦灭亡。吕光在姑臧建立后凉政权,鸠摩罗什在姑臧滞留 17 年。吕光不信奉佛教,无奈的鸠摩罗什没有浪费时间,抓紧学习汉文,为后来在长安翻译佛经打下了良好的基础。公元 401 年,鸠摩罗什入长安,成为后秦的国师。他在长安翻译了 30 余部 1300 多卷佛经, 对我国佛教事业发展起到了巨大的推动作用。鸠摩罗什翻译的佛经,成为东方佛教的根本大典。朝鲜、日本佛教的发展也与鸠摩罗什有极大的关系。鸠摩罗什是当之无愧的世界性文化伟人。

1994 年,在克孜尔石窟召开了纪念鸠摩罗什诞辰 1650 周年国际学术讨论会。会间,有学者问,鸠摩罗什是龟兹人,那具体出生地在什么地方? 当时谁也回答不上这个问题。这一提问倒是刺激了我,这是个非常值得探察的问题,于是萌生了寻找机会探考鸠摩罗什出生地的念头。新疆龟兹石窟研究所与新疆美术摄影出版社计划联合编辑出版大型画册——《龟兹》。为搜集资料,我所在的新疆龟兹石窟研究所组成了考察小组,对龟兹地区古遗址进行探察。这正好为寻访鸠摩罗什出生地提供了极好的机会。

根据考古学家的考证,古代龟兹都城有两个时代区域。汉代、唐代的龟兹都城基本在一个区域;魏晋南北朝时的龟兹都城在另一个区域。经我国著名考古学家黄文弼先生考证,汉、唐龟兹都城即现在库车的皮朗古城;魏晋南北朝龟兹都城在现在的新和、沙雅境内(古代均为龟兹之地)。

公元 344 年,正当东晋、十六国时期。鸠摩罗什是龟兹王妹之子,必定出生在王宫内。所以,鸠摩罗什出生地自然要锁定在魏晋南北朝时期龟兹都城范围内。据文献记载,当时龟兹都城规模比较大。《晋书》载:"俗有城郭,其城三重,中有佛塔庙千所。……王宫壮丽,焕若神居。"《梁书》也载:"城有三重,外城与长安城等,室屋壮丽,饰以琅玕金玉。"其范围有多大呢?《北史》《魏书》都说龟兹都城"城方五六里"。《通志》记载,吕光征服龟兹后,见到龟兹王宫的华丽,命下属的参军段业写了《龟兹宫赋》,讥讽龟兹王宫的奢侈。可惜此赋早已佚失,无法得知其内容。但它是因龟兹都城的豪华而写,反映出龟兹都城的雄伟壮丽。

有三重城是魏晋南北朝时期龟兹都城的最大特征,寻找三重城就成为寻找鸠摩罗什出生地的关键。黄文弼先生在《塔里木盆地考古记》中记载,在沙雅、新和县境内各有一处三重城的遗址。于是,我们就根据黄先生提供的线索,探察了这两处古城遗址。

我们首先来到沙雅县英买力镇北约 5 千米的羊塔克协海尔古城。说起羊塔克协海尔古城,我并不陌生。1966 年,我参加"社会主义教育"运动就在英买力镇,有一次社教干部开大会,会场就在羊塔克协海尔村。我们是步行前往的,快到村时,就见范围很大的土城墙。墙高约 2 至 3 米,墙外侧还保存着多处"马面"。我们是从西面一个大豁口(可能就是原来的西门)进村的。记得城内还错落着许多古城的残墙断壁。可是二十多年后再次来到羊塔克协海尔村,外城墙已经基本看不到了。据说是农民将土墙挖掉当肥料了。我们绕村子转了一大圈,只见到不连贯的几道土梁,据说是内城的遗迹。在村子偏东北地方有一约 3 米高的土台,可能是宫殿的遗迹。据黄文弼先生的记录,他当时测量外城周长约 3351 米,内城周长约 510 米。他认为与史书记载的"城方五六里"相当。现在沙雅县文物部门将此城定名为"乌什卡特古城",玉奇喀特在维吾尔语里即"三重城"之意。但当地老乡还是习惯叫羊塔克协海尔,是城的意思。

另一处三重城在新和县西南 22 千米处,当地维吾尔族老乡一直就将其叫玉奇喀特。现在是乌什卡特乡政府所在地。我们是 3 月间去的,树木枝叶刚刚发芽,不甚茂密,站在城中高处可以看见由近到远三道城墙的遗迹,虽然只剩下低矮的土梁,但三道城墙还是能让人感受到相当的规模和气势。三道城范围内共有 1740 亩地,外城东西长 1450 米、南北宽 800 米,与沙雅境内的羊塔克协海尔古城一样,于内城偏东北有一较高大的土堆,高约 5 米,长约 20 米。这可能也是一宫殿的遗址。在该古城发现有"汉归义羌长"等多枚铜印,考古价值极高。提示该城是古代龟兹的重要城堡,也印证着龟兹与中原的紧密关系。

两处古城北部都有高大的建筑,这不像是巧合,必是都城建筑格局所定。这不由令人联想到中原北魏洛阳和隋唐长安城的建筑格局。其中有什么历史和文化关联?虽然是一种猜想,但不失是一个研究龟兹与中原文化交流的新思路、新视角,值得深入探索。

两个三重城,究竟哪一个是魏晋南北朝的龟兹都城?黄文弼先生根据在两个古城考察发掘的文物,结合史籍记载的地理方位和古代丝绸之路的走向,认为沙雅境内的羊塔克协海尔古城是魏晋南北朝的龟兹都城。我们通过实地考察并参以诸家的考证,认为两个三重城都可能是龟兹的都城。我们必须把新疆特有的绿洲生态特点考虑进去。绿洲是依靠冰山雪水融化成河灌溉田地的。这种河流有季节性和不稳定性,经常因水源和流域的变化而移动。羊塔克协海尔与玉奇喀特都在渭干河灌区。渭干河即北魏郦道元《水经注》记载的西川水,当时流域面积很大。可能是因为河水的变迁和增减,造成都城的迁移。这种迁移有逐渐向东发展的趋势。根据玉奇喀特的地理情况、规模特征和出土文物分析,我们倾向玉奇喀特是魏晋南北朝早期龟兹的都城,故鸠摩罗什出生地在玉奇喀特的可能性比较大些。我们希望能有新的考古资料和考古发现,使鸠摩罗什出生地的探索取得新进展。

寻找玉奇喀特古城

谢 中

沉睡在新和县城西南 22 千米的玉奇喀特古城，近年来备受考古界的关注。今年 3 月，新疆社会科学院历史研究所所长田卫疆、研究员仲高和新疆文物考古研究所研究员张平，经过考察后得出初步结论：西汉最后一任西域都护李崇，当年应卒于玉奇喀特古城。那里应是西汉末年西域都护府所在地。

深秋的一个下午，记者随新和县主管文物保护工作的副县长邢春林一同前往玉奇喀特，寻访古城的故事。如果不是与内行同行和路边"玉奇喀特古城"招牌的提醒，很难让人想像那就是盛极一时的西域都护府。"玉奇喀特"，在维吾尔语里是三重的意思，由外城、中城和内城三道城郭组成。如今的三重城已经被棉田所取代，遗存的城墙也不像新疆地区其他古城那样残垣断壁，仍显昔日辉煌，坍塌的城墙杂草丛生。

在邢副县长的眼里，玉奇喀特是块宝地。他不止一次地来到古城，每一次都有新的发现。这一次，当然希望不虚此行，从中找到更有价值的线索。我们走进内城，站在中心位置，仿佛把久远的繁华尽收眼底。邢副县长曾经走访过许多当地百姓，对古城的说法不一。

据尤鲁都斯巴格乡吐尔艾日克村 72 岁的村民吾斯曼·努日介绍，我们脚下所站的位置，原来有一口井，里面藏了很多宝贝。这座气势恢弘的三重城就是为藏宝而建的。从前，有一个人到井里打水，刚打开井盖，井水便喷射而出，后来再也无人敢到井里取水了。也有人说，内城的城堡很高，是当时高官及其家眷居住的地方，是周边古城的中心城。

68岁的艾买提·夏衣丁回忆说，"文化大革命"以前，在内城的北面还有两扇木制的大门，可惜遭到了破坏。还有人在古城里挖出过煤块和一块长50厘米、宽30厘米、厚20厘米的大土坯，一个人根本抱不动，上面清晰可见打坯人留下的手印。

1917年出生的加玛力·斯迪克，父亲105岁时离世。他听父亲说，那时的古城是建在沙包上的，到处长满了茂密的红柳。他们打柴都不用远走。原先，外城与内城之间有二三米深的水沟。有人见城内的土质肥沃，就在城里种了地。后来因为泛碱，种地人就把外城北面挖了个大口子，把碱水排到了城外。加玛力听父亲讲，二百多年前，此城还住有四五百人。到了冬天，他们就到不远的库木吐拉千佛洞居住，春天再返回古城。

循着这一个个传奇故事，我们从内城走到中城，沿着城墙走了一段，邢副县长果然有了新发现："快来看，是兽骨还是人骨？"仔细一看，露在城墙外面的部分像是人的骨头；再往前走，又发现了裸露的大型动物牙齿化石。或许，这就是我们此行的最大收获吧。在这座长1450米、宽800米的古城内，这个发现与我国著名考古学家、北京大学教授黄文弼的考古发现相比，简直不值一提。1928年，黄文弼教授在对此地的考古发掘中，除收集了大量的汉代遗物外，还发现了西域都护李崇的铜印，印背钮呈半圆形，底镌刻篆书，以及"常公之印"（一说是汉代职官当户的钢印）等重要文物。1953年，人们又在此发现了"汉归义羌长印"。正是这两枚印章的发现，为确定玉奇喀特古城的性质提供了重要的文物依据。

我们站在中城望外城，心头感慨万端。在为古人惊叹的同时，也为今人呼唤：保护玉奇喀特古城刻不容缓。

寻找戴安娜·西普顿记叙的天门山

李桥江

1942 年，英国驻喀什总领事艾瑞克·西普顿从喀什出发，他在返回英国的途中，在一列山脉主峰的附近，意外地发现有一座高峰竟如一道巨型的穹形大门耸立在万山丛中，透过中空的天门，山另一面的蓝天白云一目了然。当他确信自己的发现是真实的，立即就被这个神奇的地理现象吸引住了。

后来，经过四次充满诸多不确定因素的探险后，艾瑞克·西普顿和妻子戴安娜·西普顿终于走进了这个神奇的天门，他们的发现和经历被戴安娜·西普顿记录在一本名叫《古老的土地》的书中。

转眼间，半个多世纪过去了，我国有许多人士按照《古老的土地》里的记述，在喀什地区寻找着这座神奇的天门山。喀什当地也流传着许多有关天门山的传说，但是，从没有人见过天门山。因此，有关天门山的故事就像一个解不开的结，困扰着许多地理和探险爱好者。

不久前，我在喀什采访，喀什地委外宣办主任陈丽说，喀什的一位干部在下乡调研时，不经意抬头望了一眼被当地人称为黑山的山脉，在重峦叠嶂的群山之中，竟看见一座高耸的山峰上洞开了一扇门，透过巨门，对面的天空宛如一团蓝蓝的天湖，景色奇崛壮观，令人啧啧称奇。戴安娜·西普顿书中描写的已经消失了半个多世纪的天门山又再次出现在人们的视线。

随即一场新的天门山探秘活动拉开了序幕。但遗憾的是就从陈丽掌握的线索来看，目前还没有人抵达天门山的"天门"内，因此，人们对天门山的了解依然停留在戴安娜·西普顿的书中。也正因如此，天门山越发显得神秘莫测了。

此前，陈丽仔细研究了书中描述的探险经历和路线中提到靠近天门山有一个名叫"明约尔"的村庄，而这个村庄就是现在疏附县木什乡盟遥路村。

为了保证探寻天门山活动成功，疏附县有关部门为我们找了一位非常了解当地情况的向导木什乡的乡长托乎提。

但遗憾的是见面后我们才知道，两人也只是听人说过天门山，他们甚至还没有陈丽掌握的情况多。

离开喀什大约六十多千米后，越野车驶入通往盟遥路村的简易公路。转过一条布满砾石的干沟，右前方赫然出现一列高耸的黑山。据说，那位干部就是在这一带观察到天门山。尽管车颠簸得很厉害，但除驾驶员之外，车内的人都齐刷刷地把注意力集中到这座迥然不同于四周山川地貌色彩的黑山上。

越野车驶下一道平坦的干河床，陈丽首先观察到了恰似向我们徐徐开启的天门似的天门山，谁也没料到洞穿了整座山峰的天门山洞，就这样轻易地被我们发现了。

我们跳下车，拿起相机纷纷拍照。

从直线距离来看，天门山离我们所处的位置大约有 20 千米的样子。我们打算立即掉转车头直插天门山，但由于沟谷纵横，我们只能沿着戈壁荒原上碾压出来的砾石路前行。

托乎提说，过了盟遥路村有一片开阔的戈壁，从那里车可以开到黑山脚下。

不一会儿工夫，从两座山峰之间刚露出尊容的天门山，就随着越野车的移动快速消失在群山之中。我注意到，难怪经历了半个多世纪，人们才重新找到天门山，天门山实际上是黑山众多擎天而立的山峰中一座中空的山峰，观察天门山，不仅受天气影响，而且还严格受到方位和地形的限制。我们经过的古道上，也仅在一段不足一千米的范围内才能看到天门山顶部的穹顶,如果不留心,人们很容易就忽略了。

在盟遥路村,乡长托乎提找了几位村民,但没人知道天门山的事。离开盟遥路村,南疆特有的戈壁荒原在炽热的阳光下,飘着一层雾气。我们向黑山继续行进着,越野车不时地转换方向绕过一道道被山洪冲刷成的干河沟。

焦虑的情绪在车内弥漫着。从我们看到天门山到进入盟遥路村北部的戈壁起一个多小时过去了,但群山中那座"天门"就像关闭了一样,再也没出现过。

戈壁上的砾石渐渐变成硕大的卵石和不规则的黑褐色的大石块,显然,石头是来自前方的黑山。

驾驶员出于对车的爱惜萌生了退意。恰在这时,巨大的天门空洞从一座山峰背后露了出来。它就在我们右前方大约十千米的地方。

由于距离较近,擎天而立的天门山洞显得更加气势恢弘,神秘诱人。与之相对的遥远的昆仑山白雪皑皑,如一道玉屏威严地耸立在东方。而黑山则如一道锯齿形的黑屏,透露出一种慑人的气息,在寸草不生的戈壁中央,大有与昆仑一比高下的味道。而那穿山而过的巨形穹洞犹如黑山的天眼,磅礴大器地俯看着脚下乱石滚滚的戈壁,用浩无边际的蓝色眼眸对抗着昆仑的雪山冰川。

越野车再也无法前行了。

陈丽望着洞开的天门说:"至多两个小时,步行就能攀上天门山。"

于是,我们带足了水和干粮,将车留在杳无人迹的乱石滩,向天门山走去。

天气异常地好,这不禁使人想起戴安娜20世纪四次探险天门山遭遇的糟糕天气。但是我们却没有料到,海拔较低的帕米尔高原边缘地带,紫外线的强度依然远远超过了我们的想像。很快我们裸露在阳光下的皮肤变得颜色发红,灼热疼痛起来,以致晒伤最严重的陈丽,第二天穿衣服时,衣领碰到脖子,疼得不住地"咝咝"吸气。而这还是在涂抹了大量防晒霜情况下发生的。我一路上大汗淋漓,情况稍好些,但额头和手臂上也留下了晒伤的痕迹。

　　阳光如烈焰似地舔着我们的肌肤，无遮无掩的戈壁石滩犹如将天下所有的寂静蛮荒都汇集到了这里。抬眼望去，黑山赤裸裸地曝晒在烈日之中，极度的干旱和荒凉让人无论如何也不敢将其与外交官夫人戴安娜·西普顿笔下世外桃源般的景色相联系。但不可否认，这是一次极富情趣的探寻。许多年前，戴安娜和他的丈夫很可能就是通过这条线路一直登上天门山的。想到这些，荒原的历史厚重感开始撞击着我们的神经。

　　陈丽不仅对探险充满热情，对奇石也情有独钟。沿途景致虽然荒凉死寂，但脚下随处可见的奇石却让我们在一种新奇轻松的气氛中很快将乱石滩抛在了身后。

　　站在山外观察黑山，山上既没有植物，也没有其他任何生命存在的迹象。然而，进入山谷，谷地中竟有泉水溢出，繁茂的野草随着泉水汇成小溪，在空旷的谷底形成一条绿色的带。

　　如果在其他地方见到绿色和水，我们可能不会如此激动。但这是在黑山，寸草不生的黑山山体，陡峭得让人目眩的悬崖绝壁，同依偎着山溪的绿色形成强烈视觉反差。我们简直是欢呼雀跃着扑向了凉爽的谷底。

　　但接下来的行程，很快将我们的探寻活动拖入了绝境。从远处遥看黑山，黑山山势犹如刀削斧劈般险峰林立，进入山中，黑褐色岩石四伏的峡谷深渊、拔地而起直插云霄的绝壁，随时随地考验着我们的胆识。我们不得不绕过一道道根本无法逾越的绝壁，寻找新的路线，以至于我们对前行的方向也产生了怀疑。当我们筋疲力尽地登上一座高山，发现自己所处的位置仅仅是在黑山的前山地带，而我们离开越野车已有整整四小时，我们意识到，一天时间，根本不可能抵达那座自从进山之后，再也没有看到的"天门"。我们疲惫不堪地走出黑山，"天门"又出现在视线中时，刚开始一睹"天门"时的激动和惊奇变成由衷的敬畏。

　　由于接下来几天陈丽要参加在叶城县举办的一个会议，我应邀参会，我们只能很遗憾地结束这次没有结果的探寻。在叶城期间，情况有了转机。一位参会的干部告诉陈丽，几天前，这位干部的同事在山的另一面,用一天的时间抵达了天门山,那里的情景同戴安娜书中所描写的一模一样。

我没能联系到这位登上天门山的人士,不过从我所见的天门山,以及可以确定的近期已经有人登上天门山的消息,在这里我不妨引用戴安娜女士书中的原文,也算对读者有个交待:"这个门的一部是半圆形;直插云天,但两边的山壁却一直伸向下边的一个深不可测的峡谷,站在那里好像站在离一扇巨大的窗户不远的平台上。这个'窗户'把背后的所有山景都框了进来。

天门两侧的山壁光滑、干净,它们就像被人仔细地雕刻成的,四周浑圆,构造极为漂亮。我们看不到天门的底部,其底部隐入到黑咕隆咚的深渊中。"

戴安娜书中还提到了深藏于山谷之中的世外桃源,一个传说中美丽的,但已经变成一潭水洼的湖泊。

以我了解的情况来分析,那位抵达天门山的幸运儿,仅仅到达了天门山的穹顶的一角罢了,他没能够穿越天门山的天门。因此,我不敢贸然转述戴安娜书中对世外桃源的描述。

回来后,我了解到本报驻克孜勒苏柯尔克孜自治州记者站站长张君辉一行数人,曾从阿图什方向用 9 个小时,冒着生命危险抵达了天门,并拍下了宝贵的天门山图片。张君辉说:天门山的情景比《古老的土地》中描写得还要惊心动魄,目测天门山的高度在 500 米以上,宽度在 100 米左右。

寻找新疆古欧罗巴人

李桥江

古欧罗巴人是怎样在三千多年前来到洋海，最终这些金发碧眼的古欧罗巴人又到哪里去了？

"萨满"左右着新疆古欧罗巴人的精神世界。

表面看来，绿洲被沙漠戈壁封闭在一个个互不相关的土地上，实际上绿洲与绿洲之间是相通的。

当我们俯视新疆地图时，一个现象出现了：被黄沙掩埋的新疆史前古城沿着塔里木河、尼雅河、孔雀河等流域，形成了一个庞大的以古欧罗巴人种为主的社会体系。谁能想像到，距今两千年前的新疆大地上曾经生活过众多的古欧罗巴人呢？

自 20 世纪 80 年代以来，考古工作者先后在苏贝西、克孜尔、焉不拉克、尼雅、营盘、小河、洋海、楼兰等古墓挖出大量白种人古尸，引起东西方学术界的关注。从 1993 年延续到 2005 年 12 月，中法克里雅河联合考古活动，发掘了消失在塔克拉玛干沙漠之中的圆沙古城，其居民同样以古欧罗巴人种为主。

他们从哪里来？

新疆维吾尔自治区考古所副研究员张平多年致力于龟兹研究，有一个悬而未解的问题一直困扰着他：在现有的文献记载中，龟兹出现于

96

西汉时期,当时龟兹人口已达八万之众。如此庞大的人口数量,不可能一夜之间从天而降,然而,没有相关考古证据又不能下结论,学术界只好将没有文字记载的龟兹称为前龟兹。至于前龟兹的起始年代,以及社会经济发展等情况多年来都是空白。

1989~1992年,张平参加了克孜尔水库工地古墓的抢救性发掘工作。

墓地位于两河间的台地层,土质为砾沙土,透水性好,因此160座墓葬没有出土干尸,庆幸的是绝大部分出土骨骼保存完好,经 ^{14} 碳检测,墓葬距今3000~2500年。在随后的人类学研究,以及DNA鉴定结果出来之后,克孜尔墓地典型的欧罗巴人种材料,让当时的许多学者大吃一惊。而此前,张平所参与过的"焉不拉克墓地""哈密五堡"等墓地的发掘在人种鉴定方面,考古界就出现过不同的观点。而在更早之前的1980~1982年,由吕恩国主持发掘的"吐鲁番苏贝西古墓",出土的干尸面部特征多深目高鼻,眉弓发达,面部狭长,头发多呈棕黄色,许多方面都带有典型的欧洲人特征。其中,一具女性干尸头戴高达45厘米尖顶帽。现在,克孜尔墓地又出现了欧罗巴人种,这到底是怎么一回事呢?

新的发现并没有停止。近年来在小河、洋海、伊犁河谷早期土墩墓等墓葬,先后再次发现以欧罗巴人种为主的古尸。

纵观人类历史,人们不难发现人的历史实际上就是水的历史。大河文化在相对干旱的新疆和中亚而言,表现得尤为突出。渭干河、库车河、塔里木河养育了龟兹文化。到魏晋时期,环塔里木盆地实际已经形成以龟兹、疏勒、于阗三足鼎立的绿洲文明构架,它们都有一个共性,就是依水傍河。毫无疑问,新疆的古欧罗巴人也是与水紧密联系在一起的。即使干旱荒凉如小河墓地,在20世纪50年代之前,实际上也是与孔雀河的支流相通的。第一位在小河墓地考察的考古学家、瑞典人贝格曼,恰恰是顺着河道进入沙漠,最终发现小河墓地的。

张平说:从20世纪80年代以来,在新疆进行的 ^{14} 碳测定考古发掘中,还没有关于龟兹文化可以突破4000年这一时间的物证,但克孜尔墓地的发掘,将龟兹文化的历史一下子向前推演了1000~500年。蒙绕在龟兹研究上的许多问题因此迎刃而解。同时,克孜尔墓地发掘出土的欧罗巴人种信息,也让我们看到了在久远的年代古欧罗巴人在新疆大地上的分布情况。

行踪莫测

围绕新疆古欧罗巴人问题,国内外学界有不同的说法,也有相似或相同的观点。当记者对关于古欧罗巴人的问题进行访问时,新疆维吾尔自治区考古所研究员吕恩国很平静地说:"没什么可奇怪的呀,帕米尔高原上的塔吉克族不就是白种人嘛。"

无独有偶的是,季羡林先生在 20 世纪 90 年代也曾这样说道:"新疆有'白种人',一点可奇怪之处都没有,反之,如果没有的话,那可倒是一件怪事。"

吕恩国认为,苏联考古工作者在阿尔泰山以北的米努幸斯克盆地曾做的考古发掘,为新疆古欧罗巴人的研究提供了一条重要的线索。苏联考古工作者对米努幸斯克盆地文明从青铜时代到铁器时代的考古研究发现,远古时期曾有多种文化在米努幸斯克盆地延续,其中,相对发达的,对中亚影响最大的是距今 3800 年上下的安德罗诺沃文化,其典型的特征就是大口、鼓腹、平底缸形器的普及使用。新疆各地考古发掘相继出土的缸形器与安德罗诺沃文化呈现出一脉相承的特性,显然新疆古欧罗巴人与安德罗诺沃文化有着联系。

各种各样的信息似乎告诉我们这样一种情形:青铜器早期,处在游牧社会中的安德罗诺沃文化发展到鼎盛时期,大量的人口和庞大的畜群对草原形成巨大压力。随着人畜的无限制的增加,有限的草场资源被开发利用殆尽,于是,若干支逐水草而安的安德罗诺沃人驱赶着他们的畜群,从乌拉尔山东部地区或南俄罗斯草原地带四散而出,寻找新的栖息地。其中肯定有一些人畜穿越了阿尔泰山脉,或者沿着其他路线进入了远古时期的新疆大地。

我们不妨回到 2003 年吐鲁番洋海墓地的发掘现场。第一座墓地的尸骨清理出来后,保存完好的头骨上,颧骨以及眉骨等处某些细微的不同,引起吕恩国的注意,随后他又仔细观察了尸骨,很快断定这是一具35岁左右的男尸。但是,令人费解的是,他总觉得尸骨上还存在其他重要信息,它到底是什么呢? 随着新的尸骨的不断出土,一个奇怪的现象发生了,出土的尸骨明显有别于蒙古人种。那么洋海古墓埋葬的莫非又是古欧罗巴人?

随着田野考古进入室内材料整理研究,洋海古墓人种鉴定工作相应的也开始了。经中科院考古所权威人士韩康信研究确定,洋海古墓的主人是古欧罗巴人,年代上限距今三千年上下。那么古欧罗巴人是怎样在三千年前来到洋海,最终这些金发碧眼的古欧罗巴人又到哪里去了?

古欧罗巴人的精神世界

在相当长的一段历史时期内,中外史学界将萨满排除在了宗教之外。他们认为萨满是一种信仰,而非宗教,理由是萨满的核心为万物有灵论,认为世界万物变幻莫测都是各种各样的灵魂所起的作用。换言之,萨满因为带有浓厚的巫术色彩而被忽视。

近年来,国内外学者开始重新审视曾经在人类蒙昧时期盛行的萨满,并且开始将萨满这种原始宗教定义为萨满教。

从已有的发现和研究来看,新疆史前原始宗教也属于萨满教范畴。吕恩国认为,散布在新疆北部草原上的石人、鹿石、岩画等文化遗存,肯定与原始宗教有关。然而,这些论断以及新疆萨满教的认定,缺少一个很重要的支点——地层考古发现。

洋海古墓出土物创造的奇迹远没有结束。当保存完好的1号墓地21号墓穴打开后,眼前的一幕震惊了在场的所有人。墓中身着奇装异服的白种人干尸,让在场的有经验的考古工作者脑子里不自觉地跳出了"萨满"两个字。

干尸保存完好。死者头戴羊皮帽;额头系彩色毛绦带,绦带上缀有三两一组的海贝;左右耳上戴同样大小的铜、金耳环;颈下戴绿松石项链;内穿翻领彩色毛大衣;脚穿皮鞋,鞋帮上捆绑毛绒带,毛绒带上缀五个铜管各连接一个小铜铃;左腕戴红色皮套袖,上缀铜扣一排。死者右手握着缠了铜片的木杖,左手握木柄青铜战斧,手臂处置一木钵。

什么样的人死后,穿戴如此奇特的装束下葬呢?除了萨满师,还会有谁这样入土呢?

洋海古墓发掘连续出现的新的发现,撞击着考古工作者的神经。紧接着 1 号墓地 90 号墓葬发现的大麻和箜篌,保存完好的一具类似于 21 号墓穴的干尸的出土,以及其他墓葬带有明显原始宗教信仰色彩的人形木雕、泥俑等文物的相继出土,完全印证了人们的第一印象——萨满。而这具罕见的服饰完整的萨满师干尸的出土,在国际考古界也引起了反响。

大麻具有迷幻功效,音域低沉的箜篌则可奏出伴随古人通向天堂的音乐。远古时期的洋海人,在自己生活的土地悠然自得放养着他们的畜群。但是,许多来自自然的以及自身的现象让他们百思不得其解。比如,人在睡梦里为什么可以重温白天的事情,甚至可以见到已经过世的人。谁在主宰着天空,控制着闪电?世间万物莫非都有"灵魂"?于是,萨满宗教出现了,他借助能够使人产生幻觉的大麻,左右着洋海古欧罗巴人的精神世界,为了使这种幻觉达到真实的效果,箜篌——这种音域低沉的乐器,其神秘的响声便成为人们在追求精神慰藉与神灵交往过程中的重要媒介。

萨满师干尸的出土,还为在新疆其他地方一些零星出土物和收缴的文物找到了答案。其中,与干尸小腿上缀戴的铜铃相似的铜铃,在许多地方出现过,此前谁也不知道它的用处,现在情况则再明朗不过了。铜铃在多处发现,恰好印证了新疆远古时期萨满教盛行的理论。

吕恩国说,实际上,萨满遗风在现代新疆的游牧民中依然保留着。

"戴尖帽的塞克"

墓葬中出土的大量动物骨骼随葬品,向我们传递了史前时期生活在新疆的古欧罗巴人游牧社会的性质,他们以肉食为主,随葬品中虽然也出现了小麦、小米等谷物,但数量较少。据此,可以基本了解到农业种植和狩猎在当时游牧社会处于从属地位。

另一方面,在随葬品中有大量皮毛衣物和编制物,考古工作者也有理由断定史前时期新疆社会的游牧性质。大量的考古发掘证实,古欧罗巴人居民服饰上有典型的游牧民族特征。小河墓地的随葬品中也存在着大量的毛皮织物,其中最惊人的发现是,两地虽然相距遥远,但是,妇女下葬时都戴着尖顶毡帽。难道仅仅是一种巧合?古希腊历史学家希罗多德在公元前 4 世纪,在一本《历史》书中,描述了生活在中亚的"塞克人"(古代白种人)的情况。他把塞克分成"水边塞克"、"牧地塞克"、"戴尖帽的塞克"三种。有些学者曾经以为希罗多德的《历史》带有神话色彩,但随着近现代考古发掘,历史研究,人们发现《历史》中记载的许多东西正在被一一认定。

吕恩国结合自己多年的田野考古经验,认为沿天山一带的墓葬,一般是古欧罗巴人的冬季居住地,尼雅、营盘等墓地附近虽然发现有相对发达的农耕遗迹,但依然摆脱不了以游牧为主的生存方式。

每年春季,青壮年们驱赶着畜群寻找优良草场,离开了冬季居住地。游牧生活的不确定性,以及游牧社会对日常生活用品的需要,对粮食的需求,决定了相当一部分老弱病残或许还有个别手工艺者留在冬季居住地。这期间他们力所能及的耕种少量的土地,手工艺者则制作陶器等器物,以满足部族的需要。

张平这样解释新疆的绿洲文化:表面看来绿洲文化被沙漠戈壁封闭在一个个互不相关的土地上,实际上,绿洲与绿洲之间是相通的。佛教文化的传播、丝绸之路、东西方文化的交流,在历史上有很长一段时间就是通过瀚海之中的绿洲实现的。

没有结论的共识

历史上新疆出现过许多使用不同语言的民族,目前根据考古发掘,我们只能认定古欧罗巴人的确曾经在这片土地上生活过。吕恩国说,就现有的研究情况而言,给新疆的古欧罗巴人的来龙去脉下结论为时尚早。

人类学家韩康信在《新疆古代居民人类学研究》一文中提到,在从新疆许多古墓地获得的人类学材料中,东西方人种共存的现象相当普遍。在同一墓穴中往往出现属于欧洲人种的、属于蒙古人种的被埋葬者,但他们所属的社会阶层,比如是否是允许同穴埋葬的家族成员、是否存在种族奴属关系等等,仍然难以认定。韩康信进一步提出:"对于新疆不同支系文化和不同人种支系之间成分互相接触的地区,人们在进行考古和民族关系的研究时,必须注意种族人类学的研究和分析,以免在文化和族系性质之间仅靠简单的类比和分类而引起误解。"

人类文明史很大程度上是一个种族迁徙、融合的历史。大约在公元纪年前后,随着北方草原民族的崛起和西进,到公元 2 世纪前后,或者更晚的年代,新疆大地上出现了多民族融合发展的世态。目前,尚在进行中的"伊犁河谷土墩墓"的发掘中发现的人种构成,以及楼兰考古年代稍晚的墓葬中出现蒙古人种等,为新疆多民族融合之说提供了依据。这一切仍然如季羡林先生所说:"世界四大文化都汇流在一起的地点,只有新疆一处,此外没有其他任何地方。新疆是一个民族多元的地区,这是一件极好的事、非常可珍惜的事。"

洋海古墓探秘

李桥江

火焰山南麓的戈壁荒漠中,有片面积近万亩、地表大部被砾石覆盖的台地。距台地两千米远的鄯善县吐峪沟乡洋海夏村的村民,谈起这块台地,常露出讳莫如深的神态。也难怪村民们有这样的表情,因为台地上常无端地刮起暴风。暴风起时,飞沙走石,昏天黑地,并伴有怪异的响声。更恐怖的是,随着黑风,偶尔会有白森森的骷髅从天而降。而在风停之后,篱笆墙院、葡萄架上,有时会出现一些莫名其妙的、色彩艳丽的衣物残片以及长长的毛发……

走进洋海古墓

2005 年 10 月 30 日,记者随同寻找楼兰人后裔的科考组,走进了这片神秘的台地。

科考组成员吕恩国教授指着正前方露出斑斑驳驳黄土的地方说,那里是 1 号墓地,依次向南是 2 号、3 号墓地。三处墓地共清理发掘出 509 座墓葬。尽管盗掘破坏严重,特别是 3 号墓地的 80 座墓葬均遭到破坏,但在整个发掘过程中,几乎每清理发掘一座墓葬都有新的发现,每一件出土物都是陌生的,随时都有出人意料的东西。最难得的是,洋海古墓是由我国考古界,更确切地说是由新疆考古界发掘的。我们掌握了第一手资料。洋海古墓考古报告虽然还没有出来,但有些研究结果已经引起世界考古界的关注。

随后,吕教授指着 1 号墓地北部的戈壁说,那里还保存着 1500 座完好的墓葬。至于洋海墓地名称的由来,是按照考古界的惯例,以当地小地名命名的。洋海古墓位于洋海夏村地界,因此,就有了"洋海古墓"之称。

洋海古墓的命运

距今三千多年的洋海古墓,经历了漫长的尘封岁月,躲过了 19 世纪末、20 世纪初的劫难。20 世纪 80 年代,盗墓分子纷纷盯上了面积大而分散、埋藏文物丰富而且远离村庄的洋海古墓。尤其是 1987 年最为严重,仅吐鲁番地区文物局收缴、采集的文物就多达 240 余件。 2003 年春天,洋海古墓再次遭到盗掘。于是,抢救性发掘洋海古墓,同时,对古墓遗址进行有效保护的活动,在这一年的 3 月全面拉开了。

2003 年 3 月 2 日,考古队进驻洋海古墓遗址。原本相对平整的墓地表面, 散布着众多深浅不一的盗坑。盗墓者取走了自认为值钱的文物,将大量的包含着古人类生产生活信息的出土物丢弃、破坏了。许多包含着能够解读古人类生存信息的尸骨,由于风吹日晒已经面目全非。

陌生的世界

发掘清理头一座墓地,便带来了意想不到的收获。其墓葬形制是竖穴二层台墓。这就意味着洋海古墓群的年代远远超过了事先的预计。吐鲁番地区的史前史,因之从铁器时代上溯到了青铜器时代。

随着发掘清理现场的扩大, 一个让人更加震惊的现实摆在了考古工作人员的面前:洋海古墓群的规模之大,堪称罕见;从 1 号墓地到 3 号墓地,其时间跨度竟然达到 1000 年上下。

大量的在吐鲁番从没有发掘过的彩绘陶器、青铜器、铁器、骨器、石器、木器、编织物等出土物展现在考古工作者面前。有一段时间,考古队陷入茫然之中。作为领队的吕恩国意识到,洋海古墓遗址已经不是人们可以想像的墓地了。洋海古墓展现在考古队面前的完全是一个陌生的世界。

彩陶在以吐鲁番为中心的苏贝稀史前文化圈内早有发现。但是,洋海古墓群出土的彩陶,无论是在数量上还是精美程度上,都远远超过了以前的发现。其中,立耳杯、彩陶圈足盘、圈足罐以及带流杯等彩陶,既有中原彩陶的影子,又有独特的地域色彩。

考古人士为何如此重视彩陶的发现呢?

相关研究认为,彩陶艺术从一个侧面如实地记录了史前人类的情感、思想和观念。在生产力非常低下的史前时期,一件现在看起来很简单粗糙的彩陶,往往是非常珍贵的东西。这也正是出土的史前陶器常常有铆补痕迹的原因。同时,洋海古墓大量文物的出土,为众多收缴的类似文物找到了归属。这将对深入研究吐鲁番乃至新疆及中亚史前人类文明史产生深远的影响。

萨满再世

当保存完好的 1 号墓地 21 号墓穴打开后,眼前的一幕震惊了在场的所有人。墓中身着奇装异服的干尸,让在场的有经验的考古工作者脑子里突然跳出了"萨满"两个字。

干尸保存完好。死者头戴羊皮帽;额头系彩色毛绦带,绦带上缀有三两个一组的海贝;左右耳上戴同样大小的铜、金耳环;颈下戴绿松石项链;内穿翻领彩色毛大衣;脚穿皮鞋,鞋帮上捆绑毛绦带,毛绦带上缀的 5 个铜管各连接一个小铜铃;左腕戴红色皮套袖,上缀一排铜扣。死者右手握着缠了铜片的木杖,左手握木柄青铜战斧,手臂处置一木钵。

除了信萨满教的,还会有谁这样入土?

紧接着,在 1 号墓地 90 号墓穴发现了大麻、箜篌和保存完好的一具类似于 21 号墓穴的干尸,加之其他墓葬带有明显原始宗教信仰神偶色彩的珍贵文物的相继出土,完全印证了人们的第一印象——萨满。

而21号墓穴那具罕见的、服饰完整的萨满干尸的出土,在世界考古界也引起了巨大反响。

萨满干尸的出土,还为新疆其他地方一些零星出土物和收缴文物找到了答案。其中,与萨满干尸小腿上缀铜铃相似的铜铃,在许多地方都出现过,但此前谁也不知道它的用处,现在情况则再明朗不过了。铜铃在多处被发现,恰好印证了关于中亚史前时期萨满教盛行的理论。

谁凿开了古人的头骨

发掘进行到第三天中午,考古队员们坐在墓葬边的土堆上休息。刚出土的一个头骨内部隐隐约约透出的光亮,引起了大家的关注。拿起头骨,才发现光滑的头骨上竟然有一个圆形的孔洞。阳光恰好通过孔洞照进了头骨内部。从创面上看,孔洞显然是在墓主人下葬时就留下的。这是偶然现象?还是有谁专门凿开了头骨?

随着收集的骷髅越来越多,一个令人费解的现象出现了:头骨人工穿孔和大面积的创伤,并不是个例。其中,穿孔最多的一个头骨,居然多达6个。穿孔形状有方形,也有圆形,孔径一般在1厘米左右。这些孔眼一般没有固定位置,在头骨上或集中或分散。仔细观察,有的孔壁上留有尖锐的刃器雕凿的痕迹。

是谁在这些人头骨上凿的孔洞呢?它们是生前被凿开的,还是死后所为?这些孔洞有什么特殊的意义吗?据介绍,头骨穿孔现象在世界许多地方都有发现。目前,有各种不同的说法。有学者认为是为了保存尸体,有的认为可能是为了治疗某种顽固的头疾,有的则认为是为了取下一块头骨片,可以避邪。

洋海古墓发掘完成不久,吕恩国教授的一位朋友因头内淤血,做了开颅手术。手术创口大小基本与出土头骨上的人工开孔相仿。据此,吕恩国教授推断洋海古墓以及新疆其他地方考古发现的头骨人为穿孔,应当是出于医疗的目的,大部分是活体穿孔。古代医巫不分,这种治疗有很大的巫术成分。同时,这种推断也很好地解释了有的头骨人工穿孔、有骨组织愈合以及新骨萌生的原因。

哪里来的欧罗巴人

考古发掘发现，史前时期的洋海居民男子披发，女子梳辫。女性的粗辫子中夹有毛线。

男女服饰不同。男子头戴护耳毡帽，上身穿白色毛假纱内衣，或穿圆领毛织衫，内衣袖口和领部有的加缝红色毛绦带。外套为左衽大翻领绵羊毛皮短大衣，或穿开襟绵羊皮大衣，上衣无扣，用皮带系紧（有男性上身穿皮短大衣，无内衣）；下身内穿斜纹本色粗布短裤，或穿斜纹粗厚毛织裤，大宽裆。脚上多穿外皮内毡的长统靴，靴筒一般高至大腿。女性头戴高尖顶毡帽，有的高尖部分五六十厘米。上身穿白色假纱内衣，有的上身内穿圆领红边假纱长衫。下穿粗毛布拖地筒裙，筒裙毛布为彩色。足穿野羊皮翻毛短筒皮鞋。外套为一件羊皮大衣。

但是，情况并不仅仅只是这些，洋海古墓出土的尸骨还隐藏着一个更重大的秘密。

第一座墓地的尸骨被清理出来后，保存完好的头骨、颧骨以及眉骨等处有某些细微的不同。这引起了吕恩国教授的注意。随后，他又仔细观察了尸骨，很快断定这是一35岁左右的男尸。但是，他总觉得尸骨上还存在其他重要信息，明显有别于蒙古人种。洋海古墓埋葬的究竟是些什么人呢？

彩绘缸形器的出土，让吕恩国教授联想到近年来新疆出土的许多大口、宽腹缸形器。由于发掘现场需要做大量的工作，吕恩国教授只能将自己的疑惑留在心里。洋海古墓发掘工作结束后，随之进入室内材料整理研究阶段。洋海古墓人种的鉴定工作也相应地开始了。经中科院考古所权威人士韩康信研究确定，洋海古墓的主人是古欧罗巴人。

古欧罗巴人是怎样在三千多年前来到洋海的？最终，这些金发碧眼的古欧罗巴人又到哪里去了呢？

结 束 语

考古文化是为了补史,正史。

洋海墓地出土的绘画木桶,其画作风格与遍布北疆地区的岩画如出一辙。绘画木桶的出土,对遍布北疆及中亚地区的岩画断代将发挥作用。最早的葡萄藤标本则为我们提供了史前时期葡萄种植的信息。洋海古墓还出土了三件箜篌,其中有一件箜篌很可能是我国目前出土的最古老的乐器。根据大量随葬的马骨、山羊、绵羊、牛以及马具、弓箭、家畜、皮毛制作的衣物推断,畜牧业在当时经济生活中起主导作用。

墓地出土的木头、芦苇、芨芨草、骆驼刺以及大量编织物得以保存,说明吐鲁番三千年前的气候与现在基本相同。

史前古人青睐洋海这片荒凉的台地,是游牧生活的必然结果。从气候条件和自然环境方面来说,洋海墓地只能是游牧生活的冬季栖息地。专家推断,洋海古墓出土物保存较好的原因之一,是因为墓葬基本上都是在冬季进行的。以当时洋海游牧社会的条件,寒冷的冬季,他们不可能凿开含水量较大的绿洲冰冻的土地。最理想、同时又不占用狭小的绿洲土地的墓葬地就是现在的洋海墓地。

墓地布局严谨,整齐划一,应是氏族社会特有的形式。从墓葬持续使用的年限,以及出土尸骨的年龄可以确定,当时生活在洋海的古人人口数量是有限的,其平均寿命远远低于现代人。

洋海墓地出土的文物十分丰富,与周边的文化联系是多方面的,涉及的问题比较多,相关研究还需要做大量的工作。相信,通过对这些珍贵文物资料的整理研究,将会有更多考古发现公之于众。

玄奘:西域报道

非 青

贞观元年(公元627年),长安一带大灾,朝廷令:一切人等可四出就食。这对28岁的玄奘来说,是一次西行求法的好机会。

当时大唐北边的东突厥虎视中原, 西突厥控制了包括西域在内的中亚大片领土也与大唐为敌,所以朝廷不许人们自由流动,如欲出关必须持朝廷的"过所"(通行证)方可。玄奘曾向朝廷申请"过所"去印度,被驳回。他只好呆在长安,刻苦学习梵语,研究佛学,等待机会。

终于,机会来了!他收拾行李,混迹于灾民间,进入甘肃境内。到了瓜州,朝廷的牒文就追来了,牒文说:"有僧字玄奘,欲入西蕃,所在州县,宜严候捉。"瓜州刺使独孤是个佛教徒,就派州史也是佛教徒的李昌去访玄奘。李昌敬重去西天取经的玄奘大师,当下就把牒文撕了,并劝玄奘快走。

玄奘便买了一匹马,在寺院门口,遇见一位西域的胡人,交谈之下,胡人愿做他的徒弟并领路。两人于是约定了上路时间。次日黄昏,这位徒弟又带来一个老头。老头多次去过伊吾(哈密),他劝玄奘说:"西天路遥,大漠枯木为路标,成群结队还迷失方向,何况你单身一人。"但见玄奘言辞里早置生死于度外,便把自己的马送给玄奘说:"别看它又老又瘦,但脚力矫健,往返伊吾已十五次了,是识途的老马。"玄奘谢过老头,把自己的马和他交换,然后与徒弟上路了。

从瓜州北行五十余里,有条葫芦湖(疏勒河),河身上窄下阔,水流湍急，深不可测。河上便是玉门关，为西行必经之路。他们在离关口十多里的地方，乘着夜色，在河身狭窄处砍树搭了便桥，人马安然渡过后在草地上休息。

拂晓，这位徒弟手里握着刀，蹑手蹑脚在玄奘面前徘徊。玄奘端坐不动，突然睁大双眼。徒弟吓得急忙跪下，交出刀，央求说："这一路绝无水草，只有五座烽火台下面才有水有草，但有一处若发现了你我行踪，你我性命休矣！"

玄奘说："即如此，你回去好了，为何想杀我？"徒弟说："师父此去若被捉住，供出我的姓名，王法森严，家中还有妻儿老小。"

玄奘发誓说："即使被捉，我也绝不连累你。"这位徒弟才拜谢而去。

玄奘沿着白骨和驼马的干粪在一望无际的沙漠里行走，远处映出一幅幅沙漠幻景……但远处的烽火台是不是幻景呢？再近些，不是。停下来，别让哨兵发现了。夜里，他接近烽火台，近处果然有一池清水，真是生命之泉啊。他惊喜之余，拿皮囊盛水，突然一支箭飞过头顶，"嗖"地又是一支扎在身边，糟了，被发现了！玄奘怕乱箭射下，性命休矣，便大声喊："别射了，我是京师来的和尚！"台上守兵开了门带他见校尉。校尉王祥是佛教徒，留他舒适地住了一夜。次日起来，校尉送了许多干粮和水，还送了他十多里路，依依不舍，最后说："从这条路可直奔第四烽火台，守台的校尉是我本家，心地和善，你去找他吧！"他们洒泪而别。

晚上，玄奘到了第四烽火台，校尉王伯陇果然热情款待了他，并给他备了马料、干粮和水。早起送他时，校尉说："第五台的那个校尉性情粗暴，恐有意外。"就给玄奘指了另一条路，可以越过第五台，直达野马泉取水。

玄奘告别了第四烽火台，独身前行。黄沙漫漫，烈日悬空，这死寂般的旅程中，四顾茫茫。几天几夜的行走，不见野马泉，人困马乏，倒卧沙石上。夜里，一阵凉风吹来，人马苏醒了，继续上路。这时老马突然掉转方向，狂奔起来。玄奘向前看去，看见一片草地，一汪清泉……

伊吾，这是玄奘踏入新疆的第一站。街上都是胡人和西域的特产。玄奘去寺里投宿，没想到寺里住了三个中原的僧人。听了小和尚报告，老和尚衣服也不及穿好,光着脚就跑来了,他抱着玄奘哽咽了半天,才挣出一句话:"哪里会想到,在这里会遇到故乡的人啊!"

玄奘在伊吾遇到了高昌国的使者。使者回去报告了国王麴文泰。麴文泰祖籍河西人,北魏末年,其祖上在吐鲁番建高昌国,都城就是交河故城。麴文泰的妻子出身隋炀帝家族,王妃是西突厥叶护可汗的妹妹阿史那氏。高昌国是个崇尚佛教的国家,国王立刻派使者去伊吾迎玄奘,沿途设站恭候。

玄奘到达王城的时候已是半夜了。但见国王率领一群侍从,前后列烛,"迎法师入后院,坐一垂阁宝帐中,拜问甚厚。……须臾,王妃共数十侍女又来礼拜。"他们都来争看这位东土大唐来的漂亮和尚呢!

高昌是佛国,国王有心留下玄奘做国师,但被玄奘谢绝了。国王威吓他说,如不留下即将法师送回大唐。玄奘即以绝食来抗争。当吃饭时,国王亲自捧了杯盘献上去,玄奘端坐不语,如此三日,眼看要饿死了。国王深自懊悔,向大师赔罪,并与大师结为兄弟,约定大师从印度回来时,定在高昌国住三年。玄奘天天说法。国王设了一个大帐,可坐三百余人,太妃以下,王及统帅、大臣等都去听讲。"每到讲时,王躬执香炉,自来迎引,将升法坐,王又低跪为凳,令法师蹑上,日日如此。"

该走的那天,国王为玄奘备了面罩、手套、靴、袜、衣服等物,马 30 匹,黄金 100 两,银钱 3 万,绫及绢 500 匹;工役 25 人,4 个小和尚,修书 24 封,给沿途 24 个国王各附大绫一匹作礼品,请求路上照顾玄奘。特别给西突厥叶护可汗送上绫绢 500 匹,果味 2 车,修书一封:"法师者是奴弟,欲求法于婆罗门国,愿可汗怜师如怜其弟,仍请敕以西诸国给邬落马递送出境。"玄奘写了《谢高昌国王启》答谢国王。

向前就是阿耆尼国(焉耆)。阿耆尼国"四面踞山,道险宜守。泉流交带,引水为田。"这是玄奘在《大唐西域记》里向我们报道:"气序和畅,风俗质直。文字则取印度,微有增损。……或用金钱、银钱、小铜钱。"但玄奘也说这里的国王"勇而寡略,好自称伐。"这里有伽蓝十余所,僧两千余人。这里出产玉米、小麦、葡萄、杏、梨、枣等。国人都穿毡做的衣裳,头发剪到齐耳,不带头巾。这里的僧人吃三种净肉,是小乘教。

在往龟兹(库车)去的路上,他们与西域的胡商同行。这些商人见玄奘一行财物很多,担心自己的货贬值,于是在夜间悄悄出发赶路了。没想到走了才十余里便遇到了强盗,杀人掠货。次日玄奘一行见到的只是乱丢的尸骨,深深叹息。

龟兹是西域北道的大国,境内物产、风俗、文字与焉耆同,"伽蓝百余所,僧徒五千余人,习学小乘教说一切有部。"这里独特的是生下小孩后以木押头,使其头扁而圆,这儿的音乐在西域也享有盛誉。

城北有一荒城,访之耆老,传言是突厥人屠杀后造成的。荒城北四十余里有一河自山中出,隔河各有一寺院,东西相称,"佛像庄饰,殆越人工,僧徒清肃,诚为勤励"。东寺的佛堂里有一块二尺左右的玉石,"色带黄白,状如海蛤",上面有佛的足迹,遇斋日,自发光。

玄奘因为大雪封山,在龟兹住了六十多天,国王款待自不必说。闲时,玄奘到处漫游,饱赏龟兹风情。城东门外,有巨型"浮幔"(帐篷),里面有佛像,和尚奏乐,玄奘与长老们相见。一和尚手执一盘鲜花献上,玄奘在佛像前散花,礼拜。然后,坐在一位高僧的身边。高僧曾在印度留学二十多年,玄奘与他辩佛经,谈印度,后来高僧对人说:"这位大唐来的和尚很难应付,恐怕印度的高僧未必是他的对手呵!"

玄奘在这里还听到了许多动人的传说,记在他后来写成的书里。

从龟兹西行,一路都是崇山峻岭,尤其是翻凌山(冰达坂)时,最为惊心动魄。山上终日大雪纷飞,白皑皑一片与天相连。他们用长索相挽,一步步爬上去。白天他们把锅悬在半空煮饭,夜里睡在冰上。走了七天才出了山。从高昌护送的人,一些中途逃走,一些死去,牛和马死去的更多,只有几个人和玄奘同行了。

又走了许多日,到了著名的碎叶城。西突厥的可汗正在这里打猎,玄奘亲眼见了这位令大唐谈之色变的可汗。他"身着绿绫袍,露发,以一丈许帛练裹额后垂。达官二百余人,皆锦袍编发,围绕左右。"可汗的军士们骑着驼、马,大小旗帜一望无际。

这里,玄奘向我们详细报道了突厥人及其风俗。

可汗惊奇这个大唐来的和尚，亲自举行接风仪式。玄奘说，突厥人信奉拜火教，所以不睡木床，也不坐木椅，因为"木含火"，所以"敬而不居"。他们在地上铺毯子睡觉，给他设一把铁椅，垫上坐垫。可汗的大帐以金花装饰，光彩照人，达官贵人"于前列长廷两行侍坐，皆锦服赫然。"玄奘叹为观止："虽穹庐之君，亦为尊美矣。"

可汗读了高昌王的信，又见了信物，很高兴，"陈酒设乐，可汗共诸臣、使人饮。"他们给玄奘喝葡萄汁之类的饮料。

可汗传令军中，寻找通汉语和其他胡语的翻译人才。一个年轻人曾在长安住了几年，懂汉语，可汗立刻封他作"摩咄达官"（翻译），又令其他翻译写了许多封信，并给玄奘送了一件高级法衣，50 匹绢，然后与群臣相送十余里，话别。

辽阔中亚的数十座孤城，都听可汗的号令，所以玄奘一行路上有照应，一路顺利进入梦想中的圣地——印度。

圣 地 探 秘

大谷光瑞考察团的三次丝路探险

陈 健 赵玉霞

一位雄心勃勃的法主，一批不畏生死的日本僧人，为了他们心中的信仰踏入了九死一生的死亡之海……

大谷光瑞考察团丝路探险序幕

19 世纪末 20 世纪初，是亚洲探险史上的高峰期。在这场探险热潮中，古老而神秘的丝绸之路探险成为亚洲探险热浪中最为引人注目的一个领域。

英、法、德、俄、瑞典等国的探险家、考察团纷至沓来，满载而归，使得地理上更为便利的日本探险者也不甘落后。

日本探险者在丝绸之路上的探险成就主要集中于大谷光瑞考察团。大谷光瑞（1876~1948 年）是日本京都佛教名刹西本愿寺第二十一代宗主大谷光尊的长子，一生主要从事佛学研究。大谷光瑞是日本考察团三次赴中国西北探险、考察的发起人、组织者和资助者，所以我们习惯上将日本考察团称为大谷光瑞考察团。

日本自明治维新以后，国门开放，与外界的交往日渐增多。随着对外界的了解和认识逐渐深入，日本佛教界对欧美基督教的传播和渗透深感不安。同时,19世纪以来欧洲东方学界利用梵文、巴利文、藏文原典研究佛教的成绩,对建立在汉文佛典基础之上的日本佛教界,提出了强有力的挑战。为了应付这种形势,西本愿寺于1890年派高楠顺次郎到伦敦,师从马克斯缪勒学习梵文。1900年,年仅24岁的大谷光瑞又以天皇内弟(其妻筹子是贞明皇后之姐)的身份前往欧洲考察学习。当时的欧洲,伦敦、巴黎、柏林信息灵便,特别是伦敦的皇家地理学会。该会当时不仅是欧洲地理学和历史学的研究中心,也是世界地理学和历史学情报的收集中心。凭借尊贵的身份,大谷光瑞常常出入于英国皇家地理学会。在这里,大谷光瑞不仅看到了梵文学家霍恩雷的梵文佛典《鲍威尔写本》,而且杜特雷依·德兰斯的《亚洲高地科学考察报告(1890~1895)》、斯文·赫定的《穿越亚洲》、斯坦因《关于新疆考古学与地理学探险旅行的初步报告》等最新的考察收获也极大地吸引了大谷光瑞的注意力。大谷光瑞留居伦敦期间,正是斯文·赫定、斯坦因考察成功,大出风头之时,这也大大地刺激了他。在与该会学者交流的过程中,大谷光瑞得知中国新疆曾是佛教东渐的重要地区,古代塔里木盆地周边诸国曾广行佛教。正是由于这些原因,1902年8月,当大谷光瑞从伦敦返回日本的时候,便决定亲历西域,利用归途在中国西北考察,从而揭开了大谷光瑞考察团丝路探险的序幕。

大谷光瑞考察团第一次丝路探险

当时在中国西北考察,由于路途遥远,沙漠戈壁,最便利的交通工具就是骆驼,遇到恶劣的天气甚至骆驼也无法行进,因此丝路考察的周期少则一年、两年,多者三年五载。这样长时间的野外考察,没有相当的财力支持是不可能完成的。所以斯文·赫定、斯坦因等欧洲各国的考察队都是在政府有关部门的资助、支持下进行的。大谷光瑞考察团是京都西本愿寺第二十二代宗主大谷光瑞(其父大谷光尊圆寂后光瑞接任法主职位)个人的事业。当时,他作为西本愿寺法主明如上人大谷光尊的嗣子,有近一千万信徒施舍财物为基础,充裕的经费来源为探险活动的顺利实施提供了前提条件。

　　大谷光瑞不仅是日本丝路探险团的策划者、组织者，还是参与者。在经过一年多的筹划、准备之后，1902 年 8 月 15 日，大谷光瑞考察团一行五人（大谷光瑞、渡边哲信、堀贤雄、本多惠隆、井上丹弘）从伦敦出发，踏上了他们梦寐以求的第一次丝路探险的旅程（1902~1904 年）。大谷光瑞考察团第一次丝路探险正值英俄争霸中国新疆和西藏之时，为了能够对新疆采取迅速的军事行动，开拓纯粹的军用道路，英国严禁别国涉足其间。好在英日同盟（1902 年 1 月）的缔结，为大谷光瑞提供了便利，又由于皇室的特殊身份，更使其获得了英国政府的特别许可。考察团自伦敦出发，经柏林、莫斯科，穿撒马尔罕、浩罕，于 9 月 21 日到达喀什噶尔。为了详细地考察佛教东渐的路径，在这里他们决定兵分两路，渡边哲信和堀贤雄留在新疆考察，大谷光瑞、井上丹弘、本多惠隆三人去印度考察佛教遗迹。不久，大谷光瑞的父亲大谷光尊逝世，光瑞得到父亲逝去的讣告，急忙回国，继任西本愿寺第二十二代宗主。而渡边哲信和堀贤雄则继续进行西域考察，因此，大谷光瑞考察团的第一次中亚考察主要是由渡边哲信和堀贤雄完成的。渡边哲信和堀贤雄送走光瑞等人后，沿丝绸之路南道进入和阗，跨入了八年前斯文·赫定险些葬身的"死亡之海"，纵向穿越塔克拉玛干大沙漠，到达阿克苏。

　　1903 年 3 月，考察团到达古西域佛教圣地——库车（古称龟兹），对其周边克孜尔、库木吐拉千佛洞和通古斯巴什、苏巴什等古遗址，进行了四个多月的考古调查。9 月 3 日，考察团到达吐鲁番，在这里，考察团发掘了阿斯塔那、哈拉和卓等古墓。吐鲁番考察结束后，他们于 1904 年 4 月到达乌鲁木齐，再经哈密、兰州、西安，于 1904 年 5 月携带收集品回国，从而结束了大谷光瑞考察团的第一次丝路探险。

大谷光瑞考察团
第二次丝路探险

　　大谷光瑞考察团的第二次丝路探险开始于 1908 年，这次重任落到了18岁的橘瑞超和20岁的野村荣三郎两个年轻僧人的身上。1908年6月,他们从日本本土出发,经北京,出张家口,北越戈壁,进入外蒙古,考察了鄂尔浑河畔突厥、回鹘、蒙古等游牧民族的遗迹。然后从库伦(今乌兰巴托)南下鄂尔多斯,越阿尔泰山,考察了天山北麓的唐王朝北庭都护府遗址。10月26日,考察队进入乌鲁木齐,11月初到达吐鲁番。他们对吐鲁番盆地的交河故城、木头沟、柏孜克里克、吐峪沟、千佛洞、阿斯塔那、哈拉和卓墓群等古代遗址,进行调查发掘,获得了丰富的宝藏。1909年2月,他们两人在库尔勒分手。橘瑞超南下罗布泊,踩着斯坦因的脚印前进,在斯文·赫定扫荡一空的楼兰古城,发现了震惊世界的"李柏文书"。之后,橘瑞超沿南道西行,到达喀什噶尔。野村荣三郎则沿着北道,经库车、阿克苏,于7月到达喀什噶尔,与橘瑞超会合。他们在叶城和莎车做了些零星的发掘后,于9月30日离开莎车前往印度。10月18日翻越喀喇昆仑山,10月27日到达列城,11月5日在斯利那加与在克什米尔访问的大谷光瑞会合后便返回日本,从而结束了大谷光瑞考察队的第二次西北考察。第二次丝路探险是大谷光瑞考察团三次西域探险收获最大的一次。关于这次探险的经过,橘瑞超、野村荣三郎都记有详细的考察日记。不过,橘瑞超的旅行日记在发表之前失火烧毁了,幸运的是,橘瑞超的《新疆探险记》和野村荣三郎的《蒙古、新疆之行》由于收入《新西域记》一书,而得以保存下来。

大谷光瑞考察团的
第三次丝路探险

大谷光瑞考察团的第三次丝路探险,开始于1910年,结束于1914年。第二次探险结束后,橘瑞超便随从大谷光瑞游览了埃及、罗马、伦敦。在欧洲,他会见了斯坦因,受到了不少教益;访问了瑞典,会见了斯文·赫定,又从法兰西的伯希和、德意志的勒柯克等人那里得到了各种有关中亚的最新情况和知识。1910年8月,橘瑞超携雇佣的仆人及助手英国人霍·布斯和年仅17岁的俄罗斯翻译,经圣彼得堡、西伯利亚进入我国新疆。他们首先在吐鲁番进行了一个月的发掘。吐鲁番发掘结束后，橘瑞超让霍·布斯携带吐鲁番的发掘品前往库车等他，而他本人则又一次踏进了发现"李柏文书"的楼兰古城，剥取了米兰遗址壁画。1911年初，他从且末出发，由南往北横穿塔克拉玛干沙漠。这次历时二十二天的穿越使橘瑞超吃尽了苦头，骆驼在不毛之地的"死亡之海"中一峰又一峰地倒下，雇佣的民工也几尽绝望，所携行李不得不全部丢弃。他们豁出性命、依靠坚定的宗教信念，终于推开了死神的拥抱，脱离险境、抵达了和阗。橘瑞超在新疆考察期间，正值辛亥革命之时，此起彼伏的哥老会戕官运动使得南疆的局势大乱。加以较长的时间没有得到橘瑞超的消息，大谷光瑞十分焦急，便于1911年初派吉川小一郎前往西域寻找橘瑞超。吉川小一郎经上海、汉口、兰州，于1911年10月5日到达敦煌。在敦煌期间，吉川小一郎一方面派人四处寻找橘瑞超，一方面乘等待橘瑞超的机会拍摄了敦煌千佛洞的部分洞窟，并通过各种手段从敦煌王圆箓道士及其他人那里购得了大量敦煌文书。1912年1月26日，橘瑞超与吉川小一郎在敦煌相见，然后经哈密到吐鲁番。他们在吐鲁番发掘了一些文物后，决定由吉川小一郎继续留在吐鲁番进行考察活动，橘瑞超则返回乌鲁木齐，并通过俄国驻乌鲁木齐领事馆的帮助，经西伯利亚铁路回到了日本。1913年2月，吉川小一郎也离开了吐鲁番，经焉耆到库车，考察了库木吐拉、苏巴什等遗址后，又西进喀什，南下和阗，北上伊犁，最后东返乌鲁木齐，经吐鲁番、哈密、敦煌、肃州等地，于1914年5月经北京返回日本，从而结束了大谷光瑞考察团的第三次丝路探险。大谷光瑞考察团在西域的考察活动既神秘又庞杂，其所劫来的敦煌、吐鲁番文书更是收藏分散。第一次考察所获的文物寄存在帝国京都博物馆（今京都国立博物馆）；第二次和第三次考察的收集品主要存放在神户郊外大谷光瑞的别墅二乐庄。1912年11月，大谷光瑞曾在二乐庄举办过丝路收集品展览。1915年他将所得精品，影印刊布在《西域考古图谱》中。后来，大谷光瑞辞去西本愿寺宗主职位，大谷光瑞的收集品也随之分散，一部分随二乐庄卖给久原房之助。后来久原房之助又将这批收集品寄赠给朝鲜总督府博物馆。这批文物主要是泥塑、壁画残片和古代织物等。大谷光瑞考察团的核心人物橘瑞超后来到中国大连长住,部分收集品也随之转运到大连,后转赠给关东都督府满蒙物产馆(今旅顺博物馆)保存。1945年后,相当一部分收集品被运回日本京都西本愿寺。1948年大谷光瑞去世后,在西本愿寺曾发现两个装满收集品的木箱,后捐赠给龙谷大学图书馆。大谷考察团丝路探险的收集品曾编有简目,与考察队员的部分日记结集《新西域记》,于1937年由日本有光社出版。

日本大谷光瑞考察团前后三次、历时十二年的丝路探险活动,考察了佛教东渐的路线,寻访了古代僧人西行求法留下的遗迹,以及伊斯兰教东传之后佛教的状况,这些有助于我们了解西域佛教史上的一些悬疑问题。重要的是,三次探险所收集的佛典、经籍、文书、壁画等文物,也成为了认识新疆特别是塔里木盆地周边地区历史的重要佐证。

美国人探险小河墓地

茹 青

登记去小河墓地，17人的美国旅行商考察团成员只有4人报名；7名随团采访的记者，只有两名年长者深知机会难得报了名。难怪，连着3天长途跋涉，从一个景点奔到另一个景点，坐车坐得人都僵了，加上睡眠不足，谁都不想动弹。

组织者——北京中坤投资集团，要与中外报名者签一份生死合同文书，内容是：申明是自愿的、自我承担一切责任，并留下紧急联系人的电话。又要了身份证，去买保险。这一来，气氛严肃起来，感到此事非同小可，开始仔细打听。确实不易：这是震惊世界的人类生命遗址，岂能随便去？要申请，要经新疆维吾尔自治区外办、新疆军区作战部、自治区文管所……批示；路上，沙海行车如汪洋行船，颠簸得人们翻江倒海般地呕吐，直到四肢抽筋，浑身瘫软；如果遇到沙尘暴，迷路可能导致缺水断粮，造成性命之忧……

蓝眼睛们先是睁得圆圆地听，听着听着就眯起眼睛乐：有危险？那多有趣，那才好玩，才叫刺激。千载难逢，不去要后悔一辈子的。报名！美国旅行商报名增到12人，记者增到4人，加中坤集团3名工作人员，19人的探险队组成了。

第二天，一边继续长途奔波考察，一边做探险准备。工作人员忙购物、购药。其他人各有各的诀窍。有的多吃水果多吃饭，说积蓄体力；有的不吃饭，说空腹出发，再颠也没东西可吐了……大家心里已经开始了小河墓地的探险。

次日早晨 5 时 30 分,探险队出发。虽然这一夜大家只睡了两三个小时,精神却很饱满。天黑,看不见沿路的风光,便吃东西、喝水,不是生理需要,是一种心理需要。忽然有人提出,咱们不能这样随便吃喝,如果遇到沙尘暴,迷了路,多一滴水就多一分生存的机会,得限量供应。谁都觉得此话有理,虽然工作人员并不限量,大家还是停止了随意吃喝。工作人员开始给每人发白纱巾,说是刮风扬沙包头用。有人便提议:应该给每人发一个不锈钢的小牌,刻上每个人的基本资料,挂在脖子上。万一大家回不来了,也方便后代考古,让后人知道这是个东西文化融为一体的墓地啦。这本是一句逗趣的话,但没有人笑,都一脸严肃地听着,有人还不住地点头。看来,离小河墓地越来越近,大家的心理压力也越来越大。

从库尔勒飞车 310 千米,到达若羌县的阿拉干管理站。19 人换乘 5 辆沙漠越野车,下了公路向东北方向的罗布泊沙漠进发。运气真好,夜里下了一场大雨,潮湿金黄的沙包在沙漠越野车的碾压下竟然纤尘不扬。沙包挤着沙包,汽车则笔直地冲上沙梁,马上就一头扎进谷底,吓得人两手紧紧抓住前面的扶手,但依然控制不住身体前倾后仰。随着这一上一下的颠簸, 美国沃柯特世界旅游公司董事 VogtlllFran-kLouis 先生"喔——喔——"快活地尖叫着。遇到特别凶险的陡包,大家恐怖得尖叫时,他会哈哈地大笑。我们记者的车在最后。一头扎下去时,记者们常常惊恐万状。前面几辆车上的美国人,早下车端着相机等在那里,各种怪相全部收入他们的镜头。老被人家拍照却不能拍人家, 很着急。Vogtlll-Fran-kLouis 先生便逗我们,拿出他的防晒霜请我们涂抹,这是个非常有环保意识的人。我们吃面包,他会收起包装纸袋装进他的旅行包里。

刚进沙漠,沿路有枝叶繁茂的胡杨。渐渐地胡杨开始干枯,后来就只有红柳了。红柳不见绿叶只有枯枝时,就进入没有生命的死亡之海了。汽车在沙包间艰难地爬行,又颠过一条干涸的河床。这种艰难的跋涉持续了 3 个小时,行程才 50 千米。就在大家感到双手累得握不住扶手、浑身骨头快要散架时,沙漠越野车停在了两辆宿营车、两顶帐篷跟前。这是中坤集团的基地。有三名员工长期住在这里,守护、管理着小河墓地。我们的到来,给三位寂寞的年轻人带来了极大的快乐。他们手忙脚乱地给我们做最好吃的饭——煮方便面,挡都挡不住;又切开惟一的西瓜,让我们解渴。那份真诚与慷慨,只有在沙漠中才能见到。

我们徒步往被当地人称为"千口棺材的墓地"走。沙地踩上去非常柔软,VogtlllFrankLouis 先生带头,我和几位年轻人也学他那样脱了鞋走,金黄色的粗沙踩上去有种痒痒的刺激,灰白色的细沙,像丝一样绵滑。正陶醉得嘻嘻哈哈时,便看到平坦的沙漠上,一座浑圆的大沙包兀立着,顶部有一大片死胡杨直立在那里,密密的几乎是一株挨着一株,近得像怕倒下去才这样互相支撑着。所有的人一下子没有了声音。我们悄悄地快速穿上鞋,以一种肃穆的心情缓缓地、静静地接近那片历史遗迹。还有十几米就到了,大家不约而同地决定在这里照张相,一张集体照。大家靠在一起,把所有的相机交给中坤景区景点部经理麦吾兰先生。一下子,麦吾兰肩上、胳膊上挂满了相机。咔嚓,咔嚓……麦吾兰足足忙了好几分钟。是怕惊了那远古的精灵,还是一种油然而生的崇敬?快乐、喜欢喧闹的美国人站在那上百根 4 米高的圆木旁,和我们一样,始终是静静的。介绍情况的麦吾兰以低沉的声音,讲述着墓地的故事:

1934 年,一个普通的罗布人奥尔德克领着瑞典考古学家贝格曼,找到这个小河 5 号墓地。墓地上散布着成百上千的船形棺材,并立有巨大的木柱。从没有露出沙面的立木上,可以看见大红的色彩,说明当时整个墓区的木柱都被涂成了红色。露在地面的女性干尸头发金黄、深眼窝、高鼻梁,有印欧人的特征。墓地东面的一个女性墓,周围有很多绘有图案的木板及大量的牛头骨,对面用柱子围成半圆形。墓地的所有设施都面向这座女性墓。这里还有木栅栏分隔的墓地;有与真人同高的木柱和桨形木碑,象征着男女生殖器。在"男性生殖器"的下面是女性墓,"女性生殖器"的下面是男性墓,反映出当时社会处于母系氏族社会过渡阶段。如此大规模的陵墓周围,没有发现更多的人类活动遗迹,这就是小河 5 号墓地带给我们的神秘。

麦吾兰的讲述,带我们穿过历史的隧道,看见人类当年的生存状态,嗅到了远古男欢女爱的温馨与浪漫。我们退出小河墓地,走下沙包,开始往回返。这一路,除了 VogtIllFran-kLouis 先生学说"喔——向——哥——谁——(我想喝水)"的声音外,谁都不说话,大概思绪还在 3800 年前的母系氏族社会转悠呢!换车上了公路,我们又将回到熙熙攘攘的世界。20 分钟后,刮起了沙尘暴,一会儿又是暴雨。不知中坤集团留在小河墓地的三位年轻人,是不是又要拿着绳子,爬上沙包,去扶墓地的那些木柱。他们的身影越来越高大,占据了我整个心。

追寻猎隼的踪迹

王春莲

　　隼猎在阿拉伯国家十分盛行,拥有猎隼是富贵和威望的标志,身份和地位的象征。猎隼因此成为王储及酋长们的最爱,曾经就有王子开着飞机来新疆抓捕猎隼的事。

　　中东一些石油富豪们对猎隼也情有独钟,这更使猎隼的身价大增。在国际市场上,一只猎隼的售价高达上万美元,成为世界上最贵的"猎鸟"。

　　它喜欢翱翔在很高的地方。它的身姿矫健极了。它张开的翅膀几乎把半个天空都遮盖住了。

　　无形的空气像是被赋予了某种灵性,形成一股优美的气浪把它的身体稳稳地托在了蓝天之上,宛若神架着祥云从天而降。

　　它的体形如同一只大苍鹰那么大,但由于它的霸气和野性,没有一只猛禽敢在它的底下飞行。如遇到猎物,它并不急于出击,而是在空中做几个灵巧的滑翔——这正是它这个种群所独有的英雄特征——从来就不会盲目出击。而鸟儿一看见它,就会在惊恐的叫声中快速躲入森林密集的灌木丛中,或是落到地上。这些鸟儿宁愿被活捉,也不想成为猎隼空中的游戏对象。

　　每一次面对猎物的时候,不管对方的强弱,猎隼们总是要先在对手面前展示一下自己的王者风范。事实上许多猎物就是在欣赏猎隼的雄健身姿时被杀死的。猎隼不会轻易放过任何一个猎物,它们甚至去抓小山羊,用它们可怕的利爪挖出小山羊的眼睛或脑子。

"天空没有翅膀的痕迹,可是鸟已经飞过……"说的应该就是猎隼吧!

在新疆生态与地理研究所研究员马鸣的叙述中, 我被猎隼彻底迷住了。

有关猎隼的研究

我初次见到马鸣的时候,马鸣刚刚和队友们从野外考察归来。每年的3月到7月,是科考人员对猎隼的考察期。这个时间一过,一年的野外考察工作就算是结束了。

在他的办公室里,到处都堆放着多年野外考察的成果:有不知何故死亡的猎隼(有金雕、红隼)的标本,还有猎隼吃剩的食物及排泄物,猎隼的痕迹随处可见。

国际上对猎隼的研究由英国发起,始于2001年。英国鸟类中心的Dr. Eugeneotapov(俄裔)结束了对蒙古猎隼的调查,经过乌兰巴托、北京,最后到达乌鲁木齐,开始第四年的中国西部猎隼考察活动。

之后,马鸣和保加利亚、英国、哈萨克斯坦、蒙古等国的国际队友一起,进行了藏北羌塘高原的穿越考察(探险)。起点从唐古拉山脚下的安多(那曲)开始,经过班戈、尼玛、改则、革吉、噶尔、日土,沿途记录了12个新的猎隼分布点。

有关猎隼的研究一直在进行,但发现的猎隼却少之又少。在新疆有猎隼分布的六千多平方千米的范围内,经过两年多时间的苦苦寻觅,也只发现了猎隼的六个巢,平均一千平方千米一个。这一次他们去野外,更像是看望老朋友,不知那只"伊丽莎白"怎么样了? 因为数量稀少,他们给那六只猎隼都起了名字。

今年的野外考察算是结束了,但又留下了大量的疑问:在这些猎隼里面,有多少只是繁殖的? 有多少只是越冬的? 有多少只是路过的? 有多少是从哈萨克斯坦飞来还要飞走的? 它的资源,究竟还有多少?

寻 访 猎 隼

2004 年，马鸣曾带着国际考察队在南疆北疆一路寻访猎隼的踪迹，但最终一无所获。猎隼就像跟他们玩着捉迷藏，明明知道它的存在，可就是不见踪影。

第一只猎隼是被一位摄影家发现的。他拿来一张自己在野外拍的照片，问马鸣这是什么？马鸣惊喜地发现，那是一只猎隼！这便是新疆关于猎隼最早的发现了。

考察猎隼和别的物种不太一样，这要求考察人员不仅是一个专业的科研人员，而且还必须是一个成熟的探险家。因为只有历经艰难才能找到猎隼的踪影。在马鸣的办公室里，我就看到了非常专业的攀岩装备。

无论在哪里考察猎隼，攀岩训练是第一节课。因为猎隼的巢大多建在人迹罕至的悬崖峭壁上的缝隙中。

2005 年，经过一番艰苦的攀岩，马鸣终于在悬崖的缝隙中发现了一只猎隼的巢！但这只巢，会不会是猎隼唱的"空城计"呢？马鸣不敢惊扰它。

殊不知，这时候，猎隼也趴在巢里，静悄悄地观察着这位"不速之客"："来的是谁呢？会不会影响我孵卵？"

猎隼最终被发现。这一发现令大家都兴奋起来。因为猎隼虽然凶猛，王者无敌，但它也害怕孤单，一般都是松散的家族结构，只要发现了一只猎隼，那么在同一区域肯定还会有第二个。果然，考察队员们先后发现了六个猎隼的巢。

今年野外的考察工作中正值盛夏，但意外地下了一场雪。来自外国的几名队员因为带的衣服少，忍不住地瑟瑟发抖，不知道怎么对付这场2006 年最晚的一场雪。但猎隼似乎丝毫都没受到影响。看来，它们的适应性远远强过考察队员们。

又懒又馋的猎隼

从准噶尔盆地的沙漠戈壁到昆仑山海拔 4800 米的岩石峭壁上，都能见到猎隼的栖息地及其踪影。猎隼对环境特别是对干旱地区的适应能力是非常强的。栖息于山地、河谷及草原的开阔地带，在无林或仅有少许树木的旷野和多岩石的山丘地带活动，常常可以看见它那一掠而过、搏击长空的英姿。

别看猎隼总是把巢筑得那么高，其实它们真是又懒又馋又不讲卫生。它们通常自己不做巢，就用其它鸟类的旧巢，如渡鸦、金雕等的巢。巢用枯枝等构成，内垫有兽毛、羽毛等物。它们不讲究卫生，粪便很多，还喜欢随地大小便，因为食肉，其粪便又带着强烈的毒性和热性，自己呆着也不舒服，所以它们不得不经常换窝。

而且它们对食物还极其挑剔，一般只吃动物新鲜的心脏和脑汁，它们尤其钟爱从刚被猎杀还散发着热气的动物体上撕扯下来的肉。它们把一只鸟或鼠吞下肚去，过一会儿，就会把骨头和毛发全吐出来，只吃皮、肉、血。

有时候，它们在 3 个月的孵化期间，居然能滴水不沾。在那样的荒漠地区，它们忍受着高温、暴风等恶劣环境。

猎隼的"身份证"

猎隼总是飞来飞去，给科考工作增加了一定的难度。马鸣不知道今年见到的这一只猎隼还是不是去年见过的那只。而去年的那一只又去了哪里？在以前的跟踪过程中，就发现过一只蒙古的猎隼最终在青海出现了。

针对这种难题，大家想出了一个好办法：给猎隼发"身份证"！有了身份证，无论它飞到哪里，就很容易被识别。

早前，哈萨克斯坦就用过火柴盒般大小的卫星定位跟踪仪，将它绑在猎隼的身上，无论它飞到哪里，定位仪都能知道它的位置，而且知道它的飞行速度及栖息地。

今年,科考队员们在幼隼体内放入了一种电子芯片。这样,无论它长大后飞到哪里,或者被海关检查,或者进了当地的猎隼医院,它身上的那个芯片都会告诉大家它的身份,诸如:出生在什么地方、多大年龄、性别、状态等。

因为猎隼总是被用于贸易,有些地方还给猎隼发护照。护照,便是猎隼合法的身份证明。一般护照会保留在饲养它的人手里。

猎隼的价值

猎隼为小型珍稀猛禽,是国家二级保护动物,目前的数量已经非常稀少。它们善于在高速飞行中追捕猎物,其俯冲速度极快,速度可达每小时 20 千米以上,完全称得上是疾飞如箭、俯冲如电的"飞行猎手"。

人类训练猛禽进行捕猎的活动大约可以追溯到距今 2000~4000 年间,甚至更早。因为在中亚及中国西部(如新疆、青海、甘肃、云南等地)的山区和牧区不仅保留了这种传统,而且在远古文化遗存的"岩画"或者"图腾"之中,就有一些先民驯鹰和狩猎活动的记录。

"鹰文化"或"隼文化"有悠久的历史,特别是利用较大型的鹰和隼类动物的捕捉功能在很多国家的经济、文化和体育传统中占有一定的比重。这些国家占据了欧亚大陆的一部分地区,从西部的沙特阿拉伯到东方的蒙古和中国,从北部的俄罗斯到南部的阿富汗、巴基斯坦和印度。至今在很多国家的国徽、国旗或货币之中,还以鹰为标志。

20 世纪末,传统的鹰猎或者隼猎活动主要在中东地区保持和流传下来。阿拉伯猎人的首选鸟类就是猎隼。因为隼猎在波斯湾沿岸的阿拉伯国家中十分盛行。人们通常用猎隼捕捉羽毛艳丽的大鸨,故而猎隼在这些国家中备受青睐,弥足珍贵。而拥有猎隼则是富贵和威望的标志、身份和地位的象征,猎隼因此成为王子、王储及酋长们的最爱。隼猎是"王室活动"的重要组成部分,驯隼总管是王宫里举足轻重的人物,他掌管着不下百只猎隼,每只隼都单独配备有专职的驯隼人。

探险托木尔峰冰川

马战峰

我在天山主峰托木尔峰脚下的阿克苏工作生活已经二十多年了。在我做新闻记者的时候，我只是偶尔因工作需要查看一下有关托木尔峰的资料，但从没有亲眼目睹托木尔峰和托木尔峰冰川的风采。一来是工作忙没时间，二是觉得路途的艰险是常人难以承受的。

2004年6月，一位北京的朋友要来新疆采风，约我一同去博格达峰摄影。我问他为什么一定要去博格达峰，他回答我："博格达峰是天山最高峰呀。"凭着我对托木尔峰有限的了解，我一听觉得不对，就忙给朋友纠正："位于新疆阿克苏境内的托木尔峰才是天山最高峰。"朋友听了将信将疑。从那以后，我又陆续上网查阅了有关托木尔峰的资料，原来除中国登山队在1977年登上托木尔峰外，还没有什么人再登过这座山峰，难怪人们对它知之甚少。忽然间我觉得自己有责任把雄伟的托木尔峰连同美丽的托木尔峰冰川介绍给全国旅游爱好者，以及广大的摄影爱好者，使他们对神秘的托木尔峰有一个全新的认识。这一念头促使我下决心探访托木尔峰。

托木尔峰海拔7435米，坐落在新疆阿克苏地区温宿县北部，是我国最大的冰川作用中心之一，冰川面积占天山冰川总面积的四分之一，它孕育了塔里木河的最大支流——阿克苏河，是阿克苏绿洲的生命之源。托木尔峰顶像个鱼脊，终年白雪皑皑、云缠雾绕，使人难以得见她的神秘面容。

129

2004 年 8 月，我约了几个影友，准备在 9 月份对托木尔峰冰川进行一次探险摄影。

值得纪念的日子

2004 年 9 月 22 日是我人生值得纪念的日子。根据气象资料得知，去托木尔峰冰川最好的时间是每年的 5 月份和 9 月份，6、7、8 月气温高，冰川消融，危险性较大。因此，我们把出发的日子选在了 9 月 22 日。我的好友孙国光酷爱户外运动，也喜欢摄影，是我们这次探险的主要成员。他除了身体素质好外，心也很细，因此，后勤保障工作就交给了他。我们最初的设想是用十天时间走完全程，孙国光精心的为我们准备了食品，包括馕饼、咸菜、蔬菜、面条、苹果、巧克力、糖果等。

9 月 22 日上午 10 点半，我带着影友、助手、向导一行六人，从阿克苏向塔格拉克牧场进发。从阿克苏到扎木台是柏油路，从扎木台到塔格拉克牧场大多是山路，路况比较复杂。当孙国光驾着他的 8 座北京吉普，拉着我们所有人员、装备到达塔格拉克牧场时，天已下起了小雨。买买提大队长热情地接待了我们，并邀请我们和马工一起在他家吃饭。按照我们的计划，进山的马匹和马工都在塔格拉克牧场雇佣。和马工见面后本应立即向平台子牧场进发，但雨越下越大，我们只好留在了买买提大队长家。大队长好象早已料到会有这种情况，提前为我们宰了羊，做了新疆特色的清炖羊肉，并给我们喝了壮行酒，他说："喝杯酒暖暖身子，从今天起，你们就要踏上几天艰苦的历程，祝你们成功！"好家伙，房子里还有好多为我们送行的维吾尔族朋友，那阵势就像是为奔赴战场的将士送行。平时我是不喝酒的，但那天我喝了好几杯，脸都喝得通红，因为，我这是在为自己鼓劲，也是为整个队伍鼓劲。吃完饭，马工骑马，我们乘车，经过大约一小时我们来到了平台子草场。

来到平台子，我们把所有的装备和给养进行分装，两位马工和前来送行的牧民帮我们把照相器材、装备和给养分别捆在了马背上。牧民们的动作真是地道，把我们看得眼花缭乱。这是我平生第一次看牧民往马背上捆东西。马工莫合塔尔说："马背上的捆绑技术是从小练就的,这也是牧民的基本功,你们学会要好长时间的。"听了这话,我心里不由得对他们肃然起敬,看来各行各业都有技术可学呀！经过一小时的整理,我们做好了出发的准备,全体人员充满激情地拍了张合影。合影照完了后,天又下起了大雨,有人建议原地搭帐篷休息,第二天再走。当时我借着酒劲,毅然决定立即出发。我们这支小小的队伍就骑着马浩浩荡荡地冒雨出发了,八匹马、两名马工、一名向导、四名队员。没有走出一个小时,雨停了,太阳出来了,全体队员都乐坏了,脸上的笑容和太阳一样灿烂,大家齐声说："这是一个好兆头,一个吉祥的日子"。

艰苦的旅途行进

我是个除了小时候饿过肚子再没有吃过其他什么苦的人,这一回算是自讨苦吃喽！现在我才明白为什么没有多少人能亲眼目睹托木尔峰的风采,原来是因为通往托木尔峰的路太难太险了。在此之前,我没有骑过马,马工为我选择了一匹性格比较温顺的马,并把我扶上马背,接过缰绳开始了我第一天的马背行程。通往托木尔峰冰川的马路有两天,听说以前有一条通往松树林的路,那时候是为了方便往外运送木材,前些年开始禁止砍伐树木,于是这条路年久失修,现在已是面目全非,只留下了能走马的小路。我们沿着琼台兰河往冰川前沿走,路上全是石头,马小心地踩着河堤半坡上的乱石行走。我骑在马背上,心一直悬在嗓子眼,要是马失前蹄,那肯定是人仰马翻。大概走了一个多小时,我慢慢熟悉了我的马。它是一匹很聪明的成年马,你不用管它,它都能选择合适的路线。路上有好几段是很危险的陡坡,每次上坡我的头几乎要贴着马脖子,下坡时我的背几乎都要贴着马屁股。看着马驮着装备还要驮着我,累得满身是汗,真的有些于心不忍。最让我感动的是,在经过一段石头路时,马一只蹄子夹在了石头缝里,但它硬是调整了小步子,把蹄子从石头缝里取出来,并始终保持平衡不让我从它身上摔下来。见马这样,我感动地连连拍着马的脖子,不停的赞扬和鼓励它。孙国光是一个八尺大汉，骑了匹相对矮小的马，在穿越石头滩的时候，他下了马，牵着马徒步行进。马工问他为何不骑马而要徒步，他说"我都骑累了，可想而知马已经累成什么样子了。"我回头一看，只见所有的马已是满身大汗，嘴角泛起了白沫，大家不忍心再骑了，都下马徒步行进。我也下了马，腿已经不听指挥了，很难在地上站直，缓解了 20 分钟才得以恢复，可屁股却疼痛难忍。

骑马走了两天，我们来到了冰川前沿——空拜尔，马已经无法行走，我们徒步的历程从此开始了。大家在一起整理了从马背上取下的行李，分装了几天的给养。

我是一个没有户外运动经验的人，在分装给养的时候，我怕装少了会在冰川上饿肚子，所以比别人多装了 10 千克。空拜尔的海拔是 3200 米，而且行进中海拔还在不断提高，多 1 千克，就感觉好象比平时多了很多。从空拜尔往冰川行进是没有路的，而且坡度接近 60 度，我背着行囊凭着胆量和感觉往下走，脚下尽是碗大的石头，只能一小步一小步往下走。由于负重过大，我是汗流浃背，上气不接下气，接连摔倒了好几次。我的助手是我公司平面设计小彭，他背着我的全部摄影器材和三脚架紧跟在我身后，他负重也不轻，虽然个子小，但是由于年轻，耐力比我好，我们就相互鼓励着艰难地走到了坡底。此时，由于高山缺氧加之负重过大，我感到身体很不舒服，呼吸困难，全身无力，好半天缓不过劲来，真是欲哭无泪。这时有位队友建议，把我的给养给大家分装些，减轻一下我的负重。这一提议得到了大家的赞同。于是，我把黄瓜、苹果和馕分出一些给了其他队员，这样我的负担一下子减轻了好多。

我们要穿越的是正在消退的冰川末端。由于冰川运动和冰川消融，冰川表面堆积了大量的冰川飘粒和冰碛物，还有许多裂隙，行走路线相当复杂。我们紧随在向导身后，小心地在冰川里行走，由此产生的心里恐惧难以言表。在高原地带行进，不能着急，要平稳慢行，只有这样才能保持体力。我偏偏是一个性子急的人，每当上坡时我都喜欢快快地上，离别人远的时候就快快地追，因此，常常弄得自己是上气不接下气，造成身体透支很厉害。

　　我在冰川的冰碛石上缓慢地行走,脚上打起了血泡。每个队员身上都有 20 多千克的负重,没有人能帮你,没人管你是否是经理,是否百万富翁,在冰川面前大家是一样的平等,每前进一米都要付出很大的代价。我几乎每走 5 米就要停下来缓口气,只感到氧气不够呼吸所用。在冰川里行走了两个小时后,我无力地依在一个大石头旁休息一下,身上的内衣已经让汗水渗透。9 月份的冰川,白天温度只有 5 度左右,停下不到 5 分钟,我身上便冰冷冰冷的,无奈之下我只好继续前行。三个小时后, 我们终于到了冰川对岸, 呈现在我们面前的是一个陡峭的洪水沟,当时已经是北京时间下午 8 点钟,我们必须赶在天黑前爬到岸上。我喝了口水稳定了一下呼吸,迈着沉重如铅的双腿继续往岸上进发。

　　到了岸上已是北京时间 21 点 10 分,海拔为 3400 米,风力 6 级,天上下起了小雨。我们决定在此宿营。我放下背包,瘫在石头上直喘气,小彭过来帮我搭起帐篷。山上风很大,我们无法升火烧水,只好吃馕喝凉水。我累得全身发软,早早进帐篷倒头睡下了。小孙、小彭、向导和马工因天气冷,他们在帐篷里点起汽灯,打起了扑克,直到把仅有的一瓶白酒喝完才休息。

看到托木尔峰我哭了

　　9 月 24 日是一个特别晴朗的日子, 蓝蓝的天上几乎没有一丝云彩,正午的阳光照在身上都有些烧灼感。今天的路程是沿冰川北坡向冰川腹地行进。我原以为这段路是比较好走的,但事实并非如此。一路上十几条 U 型大沟,深度都在十几米,海拔向 3800 米高度延伸,行进的难度越来越大,我几乎是挣扎着前行。在翻越一个 U 型石头沟时,一不小心,我一脚踩翻,滑下坡近五米远,小腿被石头撞得鲜血淋漓,疼得我泪水直流。大概走了近四个小时,我们准备中途吃点东西,顺便休息一下。当时有人建议烧些开水,煮些面条吃。但水要到冰川上去找,半天的徒步已使大家都很疲惫,谁也无力下到冰川底部去取水。但不喝些汤大家的体力又很难补充,于是向导吐逊出了个主意,让我们用扑克牌比大小，谁最小，谁去打水，大家听了都一致同意。真是谢天谢地，最后抽中的是马工，我庆幸躲过一劫。

我们吃了方便面，喝过咖啡，继续赶路。大约走了两个小时，在一座白雪皑皑的冰峰周围，纵横交错着重重雪岭，蜿蜒起伏的冰川似一条条玉龙腾飞；阳光下，冰峰闪烁，冰川涌动，好一个气势磅礴的冰川世界。我在网上曾查过我国的一些冰川资料，但是亲眼看到这样有气势的古冰川真让我感到震惊无比，它像长城一样雄伟，像部队方阵一样有序。我再也顾不上疲劳，忙着架起我的"长枪短炮"紧张地开始了我的拍摄工作。冰川由于移动和融化形成千姿百态，像冰蘑菇、冰雕、冰湖、冰洞等冰雪奇观，我都一一细拍，大场景和小局部都不舍弃，争取不漏掉任何冰川景观。

到了晚上，我躺在帐篷里失眠了，那一刻我思绪万千，感觉到一阵突如其来的寂寞和从未有过的孤独。我忽然意识到与自然相比自己是那么的渺小，在伟大的自然面前，人的一切私念是那样的卑鄙与无耻，有钱算什么？当官算什么？也许一夜之间一贫如洗，也许一夜之间丢官弃命。人们只有在大自然中磨炼，你的灵魂才能得到升华；只有在大自然中拼搏，你才能感受到心灵深处的那一片净土。我现在终于明白了，世界上为什么有那么多人探险，他们是为了在大自然中得到锻炼，让自己的生命价值得到完美的体现。那一刻我很想念我的可爱的女儿和妻子……那一刻我心灵得到了净化……

第二天起来，我们带上设备沿冰川向能看到托木尔峰的冰川腹地进发。沿着冰川行进更为艰难，冰川明暗裂缝深不可测，密布的冰碛石是道道天险。我们时常能听到脚下暗河哗啦啦的水声，轰隆隆冰川坍塌的巨响，每行一步都让人感到毛骨悚然，加上海拔接近 4000 米，队员体力消耗以及高山反应给我们带来了严峻的考验。两个半小时后，我们终于来到了冰川前端中央。激动人心的时刻到了，雄伟的托木尔峰终于屹立在我们眼前，峰顶的一片白云飘过，揭开了她神密的面纱。我的泪水流个不停，我的心狂跳不止，多年的心愿与梦想终于变成了现实。我和队员们跪倒在地，伸开双手，撕破嗓子一个劲的高喊："托木尔峰，我爱你!"有些队员高兴得顾不上天气寒冷,脱掉自己身上的衣服,在冰川上狂奔,那种激动的心情难以言表。

托木尔峰——你不愧为新疆广袤大地的脊梁,你是新疆各族人民的骄傲。我们将向世人介绍你的壮丽景色,让你永远成为新疆各族人民的精神寄托。

尾　声

经过八天的探险摄影,我终于回到了自己的家。女儿看到我那流浪者的模样,忍不住哭了。她拿来镜子,让我自己看,脸被紫外线照黑了,头发和胡须蓬乱着,嘴唇裂出了道道血痕。她要我答应以后再也不要去那些危险的地方了,陪她好好过平静日子。妻子也心疼地为我洗澡搓背。这家的温暖,再次让我泪流满面。

过了几天,我把照好的一百多个胶卷带到乌鲁木齐冲洗、冲印好后,和影友们一起交流。影友们看过照片都说应该举办个冰川专题影展。在朋友们的帮助下,我于2004年12月和2005年元月分别在乌鲁木齐市和阿克苏市举办了"守望托木尔峰——马战峰冰川景观摄影展",引起了业界不小的轰动,被行家称之为填补了新疆风光摄影的一项空白,照片也分别被全国好多家报刊杂志刊登。还有全国各地的影友和探险者向我咨询托木尔峰冰川有关情况,准备一睹托木尔冰川的风采。也许正是户外探险的艰难经历,让我结识了许多朋友,够我回味一生。

2005年5月1日,魂牵梦绕的托木尔峰,让我忍不住又一次和朋友们踏上了托木尔峰冰川的探险历程。这次是全程徒步,比2004年的探险更富有挑战性和危险性,其中的酸甜苦辣只有我们自己知晓。在返程途中因为路窄,我和背行李的马一起掉进了琼台兰河中,险些被水冲走。我也许还会有第三次、第四次的托木尔峰探险历程。托木尔峰,让我欲罢不能,我想这就是托木尔峰的魅力。

沙漠公路纪行

韩文辉

　　被称为"死亡之海"的塔克拉玛干沙漠,如今已成为新疆一个旅游热点。外国的、内地的、新疆的游人纷纷前往,观赏世界最长的沙漠公路、最大的天然胡杨林,领略我国最长的内陆河——塔里木河、最大的流动沙漠——塔克拉玛干沙漠风貌。金秋九月,我也有幸到此一游,它给我留下了终生难忘的印象。

　　我们从乌鲁木齐乘车南行,在 314 国道上行驶 800 千米,来到沙漠公路的零千米处。

　　我有个疑问一直未能得到解答:在松软的沙漠里怎样修公路,又怎样解决风沙掩埋问题? 沙漠公路 1991 年列入国家重点科技项目后,先后有 17 个科研单位、180 多名专家和技术人员参加攻关。从攻关阵容和规模就足以说明它的复杂和难度了。经过多次试验,终于创造出一种"强基薄面"的工艺技术。所谓"强基薄面",就是将沙面强力压实,铺上一层塑料编织布,布上铺层砾石,再铺上沥青砂,路面工程就完工了。依靠编织布的伸拉作用,可使路基不因受压而下陷碎裂,保持路面的完整和稳定。

　　我们登车上路,汽车行驶在七米宽的沥青路面上,车速指针升到百千米以上,车体平稳,不摇不晃。司机说:沙漠公路平坦笔直,目前车辆还不太多,小车时速可跑到 180 千米。这是伴随沙漠油田诞生的一条路,如果不是沙漠腹地发现大油田,这里至今还是没有路的荒漠。

1989年10月，塔克拉玛干腹地一口探井顺利完钻，埋藏在地下5000米深处的原油喷涌而出，我国最大的沙漠油田宣告诞生。然而却在运输上遇到巨大困难，沙漠里没有路，勘探器材和大型钢管运不进去。起先用钢板在沙漠里铺成飞机跑道，用小型飞机运送，但这只是杯水车薪，无法满足需要。继而以昂贵代价购买外国特种运输车，虽然可以开进沙漠，但慢如蜗牛，仍然供不应求。石油勘探开发催生了沙漠公路的修建。公路于1993年动工，1995年9月全线贯通，全长522千米，其中460千米在流沙地段。通车后北到轮台与314国道相接，南到民丰与315国道相连，沿途连结了五个油田。公路建成后，石油指挥部将国内外沙漠公路修筑资料全部检索一遍后，自豪地在纪念塔上刻石作记："这是目前全世界流动沙漠中最长的等级公路。"

汽车在沙漠公路行驶大约150千米，路旁胡杨、红柳、梭梭等树木全部绝迹，展现在眼前的是一色的黄沙，茫无边际的沙丘，有的像月牙，一弯连着一弯，结成一条长长的沙链；有的似金字塔，有棱有角，高达百十来米；有的如同一条巨蟒，顺风而卧，长达几十里；有的酷似鱼鳞，丘丘相连，排成整齐的鳞片，真是千姿百态。霎时，沙漠刮起风来，风掀起薄薄一层黄沙随风流动。眼前的沙漠像突然涌来滔滔洪水，卷起层层波涛滚滚向前。沙漠公路像飘浮在水面上的一条黑色缎带，托着我们的汽车前进。这种气势磅礴的奇特景观使人惊叹。

我从车窗看到扑来的风沙，大都被挡在用苇把构筑起来的防风护栏之外。越过护栏进来的少量黄沙，又全部网在用芦苇筑成的防风固沙方格中。公路上看不到积沙，我的担心随之消失。沿路我们看到公路两旁遍布用芦苇筑成的大小一致、整齐划一的防风固沙方格。固沙方格之外还有一道护栏，固沙方格和护栏宽度都在50多米。有些紧傍公路的沙丘，大半个都被固沙方格网住，刮起风来，沙丘移动不了。460千米的流沙地段，路旁都有这种防风固沙设施。它像道坚固的防风固沙长城，日夜守卫着公路，捍卫了公路不被流沙掩埋。虽然比不上古长城那样坚固，但仍不失为一项伟大工程。

多年来，塔克拉玛干沙漠被报刊解释为是"进去出不来"的意思，我是这种解释的始作俑者。1958年石油地质工作者首次进入塔克拉玛干进行地质调查，他们九进九出，历尽艰险，全面调查了塔克拉玛干地质概况，填补了地质上的空白。我写了篇通讯《沙漠里的石油尖兵》，刊登在《人民日报》一版。当年我访问石油勘探队员时，他们告诉我，进沙漠时有位维吾尔族老人对他们说："塔克拉玛干是进去出不来的意思，你们最好不要进去。"还给队员们讲了个流传甚久的故事，说：塔克拉玛干中间有座古城，城里遍地是黄金，有个青年到城里去找金子，进去时城门开着，当他拿上黄金往回走时，城门关了，那位青年永远没有回来。我把维吾尔老人劝石油勘探队员的话和讲的故事写进了通讯。此后，报刊凡报道塔克拉玛干时，都引用了"进去出不来"，这一解释广泛流传至今。近年来有些维吾尔学者对塔克拉玛干含义作了考证，说"塔克拉"在维吾尔语中是"地下的"、"下面的"意思，"玛干"意为"住所"、"家园"的意思，合起来应译为"埋在沙漠下的家园"或"废弃的家园"。今天借此机会予以呼吁，希望报刊涉及塔克拉玛干的报道时，匡正过去造成的舛误。

我们继续在沙海行进，时而穿行在沙丘中，时而汽车喘着粗气爬越沙山。翻过两座百十来米高的沙山，前方远处隐隐现出一道绿色生命。但我没有在意，认为这是戈壁沙漠中常有的海市蜃楼现象，不然，茫茫沙海怎么会有绿色出现？汽车渐渐靠近，同伴们惊呼起来，我定睛细看，果然是一条绿色林带。一株株翠绿的红柳生气勃勃地傍在公路一边。在这茫茫黄沙世界，突然看到迎风摇曳的绿色林带，使人感到格外亲切和激动。

随着沙漠公路通车和塔中油田建成，塔里木石油勘探开发指挥部开始实施防沙、绿化与环境建设规划。在沙漠里打井引来地下水，采用沟灌和滴灌技术，成功地培育和种植了抗干旱、耐盐碱的红柳、梭梭等灌木绿化沙漠。眼前这道红柳林带宽约30米，是塔中油田栽培的第一条实验林，全长6.3千米，成为公路上一道耀眼的景观。

傍着红柳林带前行不远，一片楼房屋舍展现在沙丘中间，大家不约而同地喊着"塔中油田"。汽车拐进另一条沥青路，停在一座大楼前，楼前有草坪、花圃、林带,楼旁有各式各样建筑物。我仿佛突然置身于一座现代化城市街头。我好奇地审视眼前这座四层高的沙漠宾馆,从地基到外墙仔细打量了一遍,没有发现与城市楼房相异之处。俗话说"沙滩上盖房子不牢靠",可眼前这座大楼已历经风吹沙打五个年头,依然端端正正挺立着。我问油田同志,楼房地基怎么打,他说:原来觉得很复杂,后来借鉴沙漠公路经验,强力压实沙面,铺上塑料编织布,覆盖砾石,再用钢筋水泥浇灌就行了。它同沙漠公路一样,也是建筑工艺上的创举。

我们在沙漠宾馆用完午餐,参观了餐厅、娱乐室、客房的设施,装饰富丽堂皇,与大城市三星级酒店不相上下。宾馆周围有采油联合站、燃气电站、通讯光缆、输油、输气设施、加油站,塔中油田的油、气从这里通过埋在沙漠公路旁的地下管道输向几百千米外的轮南。西气东输工程的起点就是轮南。不远处有用钢板铺成跑道的飞机场,小型飞机都可起降。油田之间有公路连结,这里已是一座充满活力、充满吸引力的石油城。

19世纪末,瑞典探险家斯文·赫定在沙漠南部遭遇一场风暴后,水尽粮绝,仆人失散,骆驼死去,只身狼狈不堪地逃出沙漠后惊恐万分地说:"可怕!这不是生命所能插足的地方,而是死亡了的大海,可怕的死亡之海!"此后,塔克拉玛干有了另一个名字:"死亡之海",而且广为流传。沧海桑田,今天,死亡之海发现了震惊世界的油气田,井架星罗棋布,公路纵横交错,汽车往来穿梭,绿色林带和草坪、花圃还在不断增加和扩大。石油工人说:"死亡之海现在活了!"

(本文选自新华社新疆分社原副社长韩文辉《回眸记者生涯》一书)

在"三个岔"遭遇迷雾

王春莲

下午 7 时,在西斜的日光照射下,通过高倍望远镜,能观察到新建的一号营地那顶橘红色的帐篷。它距离大本营 7000 米,高差 650 米,坐落在博格达峰下 300 米的 40 度雪坡,淙淙流水在雪层深处潜流,而那顶高耸在岩石顶端的帐篷有若置身于仙境之中。

2003 年 7 月 28 日,西域旅游博格达登山队到达白水湖大本营。8月 1 日,前方的 5 名队员艰难地挣扎在海拔 4300 米到 4700 米的路线上。3 名增援队员全副武装,再背上几捆路线绳,已完全是一副蜗牛上墙的状态了。刚要出发,又发现那捆将要取代石子路标的路线旗还没有着落,就捆在了随行记者的背包上。一路上,这捆旗标随风招展,配上记者宽大的米黄色信号服,整个就是一个戎装花木兰。

行进的路线十分清晰:先跨过那道鱼脊梁,从冰湖东北侧攀上冰舌,然后逆着冰川伸展方向行进到那个黑色的牛背山脚下,再转北横切下一道冰川,再转南,一号营地就高悬在正前方了。

1 点 20 分,当队员们最终把自己的身体撂倒在一号营地的岩画上休息时,发现四工河峡口方向隐约出现了一股浓重的雾,伸头探脑地窥视着被峰峦环抱的三个岔达坂地区。不一会儿,如同已经探明虚实的谋算者,那团雾气开始蚕食、蔓延,然后突然分成两叉,快速沿着山势包抄过来。

1 点 30 分,张耀东不得不下达指令,并坚决抄起背包率先出发。而两位姑娘正围着冒汽的水壶，准备品尝自己有生以来在最大海拔高度上的茶宴。为了争取时间，他们不得不沿着精心选择的路线以坐姿下滑。由于制动不得要领，两位姑娘滚成了雪人。

2点10分，他们连滚带爬地到达了谷底。与此同时，浓重的雾气如同猫耍耗子般，轻松地完成了对他们的合围。

尽管已经被雾气笼罩，他们还是顺利通过了最初的那500米乱石滩。这时能见度还能保持近百米，凭借对周围参照物的记忆，6只眼睛竭力地辨识着路标。光彩夺目的标志旗，全在雾气中失色，变成了影影绰绰、胡乱招手的灰色怪物。尽管如此，每识别出一支旗标他们都有一种找到亲人的感觉。也只有它，才能引导他们返回那9顶帐篷组成的温馨的家园啊！

转过第一个拐点进入冰川主体，地形突然变得复杂了。这时，能见度急剧收缩到20米以内，周围景物好像接到什么命令，全都退缩到了雾帐的后面。大家改换方式，猫下腰来一段段地仔细研究冰面，企图找到来的路上留下的一点点蛛丝马迹，但这是徒劳。那些冰面或粗砺或光滑，但都坚硬得不露丝毫温情。

寻觅、徘徊、思索、判断，随着时间的推移，大家心头的焦躁越积越重，却无法获得丝毫有意义的进展。而且，随着视觉空间的急剧收缩，听觉空间却迅速扩展。举步之间，前面传来冰面河恐怖的咆哮；蹑足之时，身后又是一声冰裂的脆响；当身前身后万籁俱寂之时，又有冰下暗河的湍流声发出塌陷的警告。

大家已陷入重重危机的包围之中。

忍着饥饿，在道路所能允许的限度内，队员们尽可能快速前进，以便抢夺时间。有几次，以为已接近了来路，却突然间，一块曾因摄影留念而记忆犹新的巨石出现了；一条似曾跨越过的沟壑出现了，但那无疑是一场场的捉弄。巨石到处出现，而跨越沟壑后留下了旗标却没有。大雾使一切物体变得似是而非，似非而是。

下午6时，艰难地越过一道喧嚣的水沟，爬上一座砾石堆积的坝口以后，被浓雾遮盖的一片水面突然呈现在脚下。在第一个瞬间，感觉胜利在望——三个岔达坂西侧区域只有一个白水湖，这就意味着距大本营不到 1000 米了。

但，不祥的感觉却再次出现。三个岔冰湖也就巴掌大小，何时变得烟波浩淼？

湖面上那些美丽的浮冰，怎能够在一个白天融化得无影无踪？

还有，那一面十多米高的陡峭的冰崖，何时换成了平缓的土埂？

失败的沮丧和猛醒后的欣然几乎同时跃入脑海：在四工河峡口到三个岔峡口之间的地域内，只有两个湖面。可以断定，他们已经南辕北辙地来到了四工河源头湖。那条让他们给予惟一希望的冰面河，竟然充当了大雾的合谋者，它在某一些位置上略施小计，就把他们诓到了相反的方向。

路是走错了，而错误的副产品却是获得了一个正确的方位。四工河源头湖与大本营之间，分布着一片巨大的冰盖区，那是一个危机四伏的区域。要想绕过它，就只有沿西侧湖际线走一个遥远的弓形，那样可能在天黑前无法赶到大本营。

张耀东决定顶着大雾跨越冰盖。

那是一段艰难的路程。宏观上偌大一个坦阔的冰盖区，微观上却有无数的冰沟、冰柱、冰馒头、冰凌、冰裂缝、冰洼、冰水潭以及镶嵌在冰面上的大小不一的石头。时间的紧迫使他们慌不择路，体力的衰竭使他们步态不稳。事后他们总结为：湿漉漉、凉冰冰、摇晃晃、晕忽忽，那种狼狈可想而知。

晚上 8 点 40 分，绕过一个长得恼人的冰河以后，三个人总算迈着跟跄的步子，赶在天黑前接近了营区。感谢上天，它在傍晚的微寒中唤回了自己顽劣的孩子。

而后来，张耀东却得知，那天，整个博格达峰北侧地区的天空爽朗明净。鬼使神差只有在他们穿越的那块低地上云缠雾裹，持久不散。有人仿照一本登山著作中的角色戏谑地说：那是带女性上山的必然结果。张耀东巴不得他们这样说，但内心却只能承认，老天无罪，女士无错。他怀揣的定位仪不存储坐标，如同枪手不准备弹药，关键时刻搂不着火。

来自塔克拉玛干的诱惑

王春莲

为了到达那个从公元 3 世纪开始便逐渐湮灭于沙漠中的"中国庞培城"——尼雅,旅游公司动用了飞机、豪华旅游车、越野车、沙漠车以及骆驼在内的各种代步工具。而有些人所追求的,却总是豪华之外的另一种价值。为什么不能探索一条可以依靠自己的双脚进入"中国庞培城"的道路呢?

尝试苦难美

这是一些完全不遵守普遍价值准则的人。他们屡屡选择肉体苦难,换取心灵自由。如果他们中的哪一个逃离奢华饭局,却宁愿到宿舍里去泡一包方便面,你不要奇怪;如果他们中的某一位拒绝卡拉 OK 厅,却尝试着把一架手风琴背上天格尔峰,你也不要奇怪。丰富的人生总是包容各种奇特的追求。2005 年春节,正当人们杯盏相击、喜庆春节时,乌鲁木齐市登山协会组织的业余探险队却选择了沙漠苦旅。

单调的沙漠展开着一望无际的凝固波。这里没有水的气息,却有跋涉于泥淖的感觉。貌似柔和的沙丘像个美丽、任性而残酷的姑娘,不动声色地约束着你。沙丘连着沙丘,第 1000 个沙丘后面接连着第 1001 个沙丘。尽管牢记着沙漠行军中避免身体失水的原则,一个小时以后,出发时尚感瑟缩的躯体已经大汗淋漓,内衣粘连着肌肤,像是穿上了紧身衣。还有更加沮丧的：当大汗淋漓的人们需要以水润喉时，从背包里掏出的却是冻得像手榴弹一样坚硬的矿泉水瓶。

由 16 名男女队员组成的业余探险队，正如一组鲜艳的甲虫，艰难而倔强地蠕动在无边无垠的沙海之中，时隐时现。

夜宿红柳墩下

当冬日的夕阳即将沉没在沙海尽头时，他们终于找到了一块残留着枯红柳和死胡杨的地界，匆匆扎营。

似乎人的天性就是与植物为邻。沙地如此坦阔，大家却不约而同地将帐篷支在高大的红柳墩下。干旱的环境抽干了胡杨残体中最后一个水分子，合抱粗的树干竟然轻到一个人就能扛得起来。气体喷火枪打上去，随着一阵"噼噼啪啪"的爆裂声，熊熊的篝火就冲上了天空。那只在中途为了减重而打算丢掉的铝壶，此时果然成了营地的宠儿。没有人会顾及烧焦的提柄、熏黑的壶身和壶腹内倒不净的沙土，纷纷从被割开的矿泉水瓶中，取出手榴弹般坚硬的冰块，"乒乒乓乓"投入壶腹，浓郁的茶香立刻就瓦解了一切形式的斯文和矜持。

牛肉干、巧克力、榨菜，一个苹果分成 16 瓣，能搭配的和不能搭配的，丢进腹中的都是美味。为了遵守配给，晚餐的后续部分是在干嚼中完成的。而不锈钢餐具是用沙子擦净的。睡前，裹着棉衣烤内衣。篝火烤得内衣水汽蒸腾。如果能够不出这些汗，还真能省出一两瓶矿泉水来。

昏天黑地强行军

为了减重，他们在沙丘下掩埋了回程使用的食品和水。这一天，他们昏天黑地地突进了 15.5 千米。在最后时刻，16 人的队伍拉长到 3 千米，但始终谨慎地保持在对讲机能够呼应的范围内。

地貌发生了明显的变化，沙丘变得不再连贯，一个个高大的红柳墩渐次出现。展开地图,尼雅古河床已经踩在他们脚下。

如果再拼死努力一把,是可以直接到达那个神秘所在的。但是,某种沉重的责任感却使他们决定在 2 千米之外扎营,第二天徒手进入尼雅遗址。

当晚,他们在篝火旁宣布了两条纪律:第一,对遗址区内可能发现的一切有价值的遗存,只能考察、拍照、写生,不许发掘、破坏或携带;第二,从当晚起,实行更加严格的饮水配给定额,以便保证安全撤离沙漠腹地。

大清早,简单的早餐之后,他们身着轻装,备好相机,带足胶卷,四部 GPS 全部打开,分组向西南方向开始最后的搜索。

GPS 呼叫:发现佛塔

半小时以后,一片奇特的景象出现了。20 厘米见方的木料横七竖八地半埋在沙地上,露出的末端分明有刀砍斧凿的痕迹。散落在墙体内和房屋四周的是一些残破的红陶罐碎片。

对讲机传来其他各组相继发现遗迹的呼叫。继续向西南前进,又陆续发现了两块短小的板材和一对人体大腿骨以及一些不知用途的粗糙木器。随着遗存的不断出现,他们仿佛穿过一条长长的时光隧道,进入了 1700 年前的尼雅古群落中,真切地体味到那种瓜豆桑榆、小桥流水的静谧生活。但是,作为遗址标志的佛塔却始终没有露面。情急之中,只有借助于 GPS 盲目导航。出发前,根据各种资料准确定位的佛塔坐标终于派上了用场。

10 点 45 分,GPS 突然报警了!高度绷紧的心弦只经过一刹那的愣怔,队员们不约而同地扑向那座沙山的背面。于是,一座未曾谋面却似曾相识的佛塔,正万古沧桑地伫立在大漠腹地冬日的阳光下,静静地陪伴着这块被遗弃千年的土地。它完全无视这些含辛茹苦者热情的造访。

东返之路

对讲机中传来老顽童石广元拿腔捏调的陕西土语："陕西人民广播电台，现在报告新闻。经过大家棱松的努力……"

根据来时的记录，他们曾翻越了 7 道高大的沙梁，跨越了 7 条宽阔的沙川。每两道沙梁的间距大约是 3 至 4 千米，而完成 1 千米的直线距离需要走 1.7 千米的路程。有了这些经验数据和规则的地貌参照物，返程中使用 GPS 已经成为多余。惟一的任务就是埋头赶路，尽快向沙漠公路逼近。

夕阳西下时，择点扎营。晚饭几乎耗尽了随身携带的最后一点食物。这是一个奢侈的夜晚。明天，大家将"重返人间"。一旦接近那条沙漠公路，任何饮食收藏都将失去它的存在价值。狂吃海喝之后，五名别出心裁的队员不仅舍弃了外帐，而且舍弃了内帐，直接睡在了用黄沙覆盖的篝火余烬之上。

风雪中的搜寻

王春莲

　　将近一个小时的突进，大家已经被风雪撕扯得不成人形。防水鞋里填塞了雪，领口和防风帽挂满冰霜，冻僵的双手已经握不住雪杖，而暴风雪却愈见加强。就此下去，装备简陋的队员有可能被冻伤。在审慎地估量形势以后，队长果断决定：就地扎营，躲避风雪！

　　这是一支由十六人组成的业余探险队，其中包括四名远道而来的香港同胞。他们要横跨北天山。风势如此强劲，帐篷布像狂风中的帆一样难以驾驭。撑竿被强烈地弯折着，几乎就要折断。当帐篷终于撑起来以后，首先涌进去的不是队员，而是雪流。

　　清点人数，队长的头立刻"嗡"地大了：有八名队员不在这里，其中包括那四名香港队员！

　　队长来不及思索，下达了简短的指令，随即带领四名男队员转身扑入了翻江倒海般的暴风雪中，只留下三名女队员固守帐篷。

　　10月4日下午，跨越北天山探险队租车到达丰饶的三个岔水闸地区。茶足饭饱以后，他们立即踩着沟口地带尖利的砾石，开始沿三个岔沟向北挺进。当矫健的岩羊出现在沟侧陡峭的山崖上时，大家屏住呼吸，翘首顾盼，久久不肯离去。

　　晚8时到达一号营地——三号羊圈。大家在高度疲惫中布置起自己的临时家园，伴着羊圈周围的草香和粪臭嚼完干粮，然后被星光催入安静的梦乡。

次日，10月5日，这是一个关键的日子。那天，全队要到达此行的最高海拔点——3680米三个岔达坂，从西侧跨越博格达群峰。早晨9点30分从三号羊圈出发时，高空蒙着一层薄薄的云，空气有些阴冷。接近冰湖之前，山谷中的风变得强劲了，天边有浓云迅速向头顶聚拢，零星的雪花开始飘洒。当一股阴冷的雾气沿地面迅速包抄过来时，队长指示加快脚步。但是，暴风雪来得更快。没等全队到达三个岔山口南侧谷地，它就凶猛地扑了上来。一时间，狂风在撕扯，粒雪在抽打，气温骤然下降，流雪迅速堆积，使10月间本该是明媚的山谷整个变成了冥界。远近一切高大的山体全都消失在雪雾中，几米之外已难辨你我。仅仅是凭借那飘飘忽忽、时隐时现的影子，人们辨识着自己的队伍，维系着一个无形却有神的集体的存在。

一小时后，队长发现队员中少了八个人。来不及思索，队长便带着四名男队员，一头扎进了风雪中。他们必须尽快找到失散的队员！

男队员一走，女队员立刻就少了主心骨。被风雪粗暴摇撼着的帐篷，似乎随时都会飞上天空，将瑟缩其中的女孩子们抖落一地。她们竭力镇定自己，用冻僵的手紧紧揪住帐篷布，惊恐不安地等待着队友们的归来。

他们在哪里？掉队的队员又在哪里？他们能够被找到吗？如果找不到怎么办？他们如果回不来，我们下一步该怎么办？一连串的担忧如同不间断的暴风雪一样，压迫着三个女孩子的心。

等得久了，又想起刚刚发生的那一幕：危险出现时，是男队员们首先安顿好她们，然后才毅然地投入暴风雪中的。而此时，肆虐的暴风雪正在疯狂地蹂躏着他们，他们能回来吗？想到此处，不可遏止的热泪轰然涌出了女孩们的眼眶。

队长带领着几人斜向排开，顶着暴风雪顺来路寻找过去。富有户外活动经验的队长很清楚，八名队员掉队时间并不长，时间并不构成本质的威胁。但如果队员们被暴风雪打散，后果就难以估量了，必须加快搜寻！

周围能见度太低，呼啸的暴风雪，使他们完全失去了辨听声音的能力。参照物的不确定性使每一块石头都像是在跳跃，每一处昏暗的山岩都会被他们看作是自己的队员，从而引发希望和失望。

就在这希望和失望的百般折磨之中，透过雪雾，他们在山谷低处发现了一个不大可能是天造之物的昏暗的圆形，从而惊喜地发现，八名掉队的队员正训练有素地彼此搂抱着围成一圈，与暴风雪做着顽强的抗衡。

经过长久的等待，在焦急、企盼中，姑娘们的神经已经变得高度警觉。这时，从帐篷外呼啸的暴风雪中，夹杂着一丝微弱而亲切的人声。她们急切地扑过去，打开帐篷拉锁。透过漫天的风雪，队友们飘飘忽忽的身影正一个个地走出雪幕。她们热切地想要呼叫，但在那一瞬间，眼泪赶在前面哽住了她们的咽喉。

当暴风雪终于成为强弩之末时，这支历经劫掠的小队重新上路了。前方，三个岔达坂周围还有3千米深雪区等待着他们，大冬沟里还有17千米坡道等待着他们。

观吉木乃神秘奇石林

艾来提·铁木尔

　　近日,记者在前往吉木乃县托斯特乡采访途中看到一处奇石林。这些坐落在托斯特乡奥地叶地区方圆9千米的庞大奇石林,由上千块形态各异、大小不一的奇石组成。更为难得的是几个偌大的奇石环绕在一起形成一个避暑山洞,不仅给人带来美的感观享受,还给人带来无限的情趣和遐想,让人留连忘返,乐此不疲。

　　"山无石不雄,水无石不秀,居无石不安,斋无石不雅。"坐落在这里的奇石,有险峻奇特、怪石嶙峋、气势磅礴的群石组合,更有形态各异、活灵活现的个物特写:威武雄伟的弥勒佛大手,丝绸文化的骆驼山,憨态可掬的大熊猫,蓄势待发的雄狮,诙谐幽默的蘑菇包,摇摇欲坠的乌龟石,地造天成的"一线天"奇景,真是美不胜收。

　　最让我们惊诧的是一块刻有波浪形花纹和蝌蚪形字样的奇石,排列规则的花纹和字迹深深地镌刻在石头上。据吉木乃县的工作人员介绍,这些文字距今有上百年的历史了。这块大约1立方米的奇石就像个"天外来客",威武地耸立在一旁,犹如历经沧桑的卫士,见证着这里曾经发生的一切。

　　进入奇石洞,浮现在你眼前的又是另一种景观。

　　由青黑色的石头环绕而成的石房内,仰看有一个天窗,得以让明媚的阳光从这里射进来,犹如一道天柱擎立在石房中央;在石洞中央有一个深约两米的泉眼,清澈的泉水与石洞顶上透射出的光柱辉映成趣,把泉眼照得如同翡翠般晶莹透亮。掬一口泉水尝尝,顿时让人心旷神怡;峡谷溪流从你脚边缓缓流过,忍不住洗洗脸手,它也像个孩子亲近地亲吻你的手脸。

　　"那是什么?"沿着同行人手指的方向看去,只见石洞内大小石台上摆满了酒水、酥油、哈达、钱币等蒙古族人祭拜神灵用的供品。据当地牧民介绍,位于吉木乃县托斯特乡的沙吾尔草原与和布克赛尔蒙古自治县相邻,每年都有大量的蒙古族人来这里举行祭拜活动。这一解释让我们产生了浓厚的兴趣，沙吾尔草原文化与蒙古文化的交融汇通将是怎样一种文化？我们开始仔细寻找蒙古人的足迹，企盼着能有新的发现。

这些经过大自然鬼斧神工雕饰出的奇石林与这里的青山、碧水、绿树、红花、唱鸟融为一体，构成一幅美妙绝伦的山水画；他们似乎又有人的灵性，让你忍不住喝一口山洞里的泉水，爬上洞顶俯瞰洞景，俏皮地躺在凹陷的奇石里与朋友捉迷藏……这些妙趣横生的奇石林犹如顽皮的孩子尽情与游人嬉戏玩耍，顷刻间让游人忘记烦恼和忧愁。

这些经过大自然洗练，天然形成的奇石是天然石质艺术品，是不可再生的自然文化遗产。作为这一遗产的见证人，我们感谢上苍对沙吾尔大草原的宠爱和恩赐。

登上慕士塔格峰前后

王春莲

巍峨的慕士塔格峰，4300 米到 6700 米的高度上，13 名蓬头垢面的业余登山队员蜷缩在 8 顶帐篷中，融着雪水，嚼着压缩饼干，做着最后的准备，第三阶段的攀登就要开始了。

凌晨 4 点，报时手表刚响，林志就从睡袋里跳了出来。他几乎一夜没睡。对于每一个即将冲顶的登山队员来讲，报时表的作用与其说是唤醒主人，不如说是仅仅给主人一个明确的时间标志。因为在那之前，他们早已枕戈待旦了。

刚刚扯动帐篷拉链，凛冽的高山风就乘虚而人，呛人肺腑。帐篷外满天星斗，果然是个冲顶的好天气。林志抓紧时间，融雪烧水，整理装备，于 6 时整坚定不移地踏进了深雪中。

被昨天白昼的阳光晒化了的积雪表层，经过高山风一夜的吹刮，已经冻得硬梆梆的，冰爪踩上去咔咔作响，行进时附着感很好。借着头灯的照射，顺利爬过第一道漫长的雪坡后，身上已有了一点热气。朦胧中，前方有光亮。抬头一看，不远处雪地上出现了两顶帐篷，周围插着一些滑雪板、雪杖之类的冰雪用具。看来是某个登山队的营地。头灯的光亮引起了帐篷主人的注意，一柱手电光射了过来。林志迎上前去，大喜过望。原来，在大本营结识的大个子英国队员罗伯特正在那里鼓捣着什么，看来也是在做冲顶的准备。

就在几天前，大本营金主任给营地领来了三名英国客人，说是其中的罗伯特当天生日,特意来邀中国队员联欢。那天下午,在大本营的一块开阔地上,铺开一块防雨布,队员们席地而坐,一起喝掉了仅有的几瓶啤酒,吃光了临时搜罗来的所有小食品,似乎意犹未尽,就唱起了歌。队医陶玲能歌善舞,自报要奉献一首《青藏高原》。哪想到这里缺氧,曲到高音处几乎噎住,又终于顶了过去。这使三个老外大为感动,生日"宴会"的气氛不断形成高潮。轮到客人唱歌时,却难倒了三条英国汉子。经过好长一番酝酿,罗伯特出场了。那一本正经的表情使大家以为就要听到一首地道的苏格兰民歌了,但听到的却是一句英语道白:"很遗憾,我们发现自己是全英国最不会唱歌的三个男人,对不起。"那份虔诚,逗得大家哄堂大笑。

生日过后,英国人就从大本营消失了。谁也没想到,他们已经在这里建立了营地,正准备滑雪登顶。

老友相逢,热情的罗伯特握住林志的手说了很多话。可惜,林志不懂外语,听得出诚恳的语气,却听不懂任何具体内容。权当是祝福好运吧!

但不久以后,似乎又回到了世界的尽头。狂劲的山风吹他、彻骨的寒冷冻他、紧箍咒般的头痛锥他、无着无落的孤独感熬他⋯⋯似乎四周一切都在围剿着这个固执的独行者,迫使他放弃自己的选择。

在这种长时间的跋涉中,意识已经淡漠,思维已经钝化,脑袋轰鸣,胸闷,心跳,口渴,但没有力气把水壶从背上解下来。冥冥之中,脑子里全是各种响声和说话声。他不想应答,也无力应答。事后,他感觉到这条路大概是一生中走过的最漫长、最艰苦、最没有尽头的路。

但是,他还在行走。每天15千米长跑,外加1000米游泳,整整一年的体力储备,在与大自然抗衡时,竟然如此不堪一击?他强迫自己每走50步休息一次,慢慢地变成了45步、40步、35步⋯⋯最后每走5步就要狂喘一阵,脚步一停就想躺倒睡觉,而睡觉就意味着永远和这个世界"拜拜"。

就这样,他如梦似幻般地挣扎了8个小时。

不知何时,突然没有了路线标志,一个高约2米的乱石堆出现在面前。这是一个在野山乱冈中司空见惯的乱石堆,平淡无奇地摊在那里,后面是隐约显现在雪雾中的巨大的沟壑。奇怪的是，一些五颜六色的小旗插在那块乱石堆上，或压在石块底下，好像谁不经意中收拢的一些遗弃物。他茫然不解地看着这些旗帜，寻找着那突然间消失了的道路，直到意识一点一点地清醒，思维一点一点地恢复，帮助他作出一些判断。当那个判断的轮廓终于获得最后的聚焦，主峰的概念在头脑中清晰出现的一瞬间，他感到轰然一声巨响，全身获得一种瞬间的释放，随之便带着纱幔落地的感觉扑倒在石堆上。

顶峰，原来竟如此平淡无奇！在经历了一番生死拼搏之后，到达的竟然是这样一个天上灰蒙蒙、山顶雾蒙蒙的毫无华彩的世界。没有鲜花，没有锣鼓，没有欢呼。以往，在运动场上仅仅奔跑 100 米就可以赢得的关怀，这里都没有；有的只是那些在风吹、日晒、雪埋中顽强存身的各色旗帜，标志着这里是人们通过自身奋斗可以到达的地方。

想到那些已经离开这里、或者正在走向这里、甚至为了这个目标已经在来路或返程中牺牲了的人们，他有一种沉重的庄严感。一股难以克制的热流一瞬间涌向眼眶……

此后，他想把这个巨大的惊喜立刻通知大家，但是，暂时没有任何人能够与他共享欢乐。回答他的，只有那些杂乱的噪声。

此时此刻，先前的所有不适症状全都消失了。他用冻僵的双手笨拙地从背包中掏出国旗，压在最高处的一块石头下，拍摄取证。

返回的路似乎更长。3 时 28 分他开始下撤。没走多久，就陆续遇见了包括罗伯特在内的五名外国队员。登顶的成功和外国队员的拥抱祝贺使他豪气大增，他竟然大步流星地走完了最初的一段下山路，紧接着，袭来的又是剧烈的头痛、高度的疲惫、心脏的狂跳和难耐的干渴。

俯瞰险峰和山川

谢 中

　　直升飞机从新疆军区某部的操场腾空跃起,城市变小了,稿纸一般的田地在视线里渐渐弱化……3月12日,记者随执行边防巡逻任务的某陆军直升机飞行组,飞临新疆北部边防一线。

　　3月小阳春,桃红柳绿,姹紫嫣红,可北国边疆却是另一番情景:厚重的积雪压在大地上,将胳膊搭在山峦间,捂得大地透不过一点气来。置身其间,全没了"银装素裹"、"山舞银蛇"的感觉。直升机飞过一座小镇,整个小镇孤零零地在雪中兀立着,像一叶航行在风暴中的小舟;几个工业烟囱吐出的白烟接日连天,将直升机的航道挡得严严实实。那里叫可可托海,素有"中国寒极"之称。俯瞰可可托海,虽然分不清哪里是"地质三号坑",却可以从机长李勇俊的介绍中感受到那里有无数的锂、铍、铯、钼等矿物质在雪被下闪光。

　　在雪野的反光中,不时地跳出几个黑点,圆圆的。只有在低空飞行时才看得清楚,那是哈萨克族牧民的冬窝子。主人在那里生起炊火,羊儿在那里抵御寒冬。圆点的中间或是毡房、或是平房,四周用石头围起来的是羊圈。羊圈的外围有无数条黑色的线,那是羊群的杰作。羊儿出门吃草,回家反刍,认准了脚下的路。

　　直升机穿行在苍茫云海间。雪野中一座红顶"别墅"格外醒目。机舱的窗口被打开,机组人员频频向地面招手。飞行高度一低再低,几乎可以看清站在"别墅"院子里的官兵的军衔。他们抬起右臂向直升机行举

155

手礼。盘旋两圈后，机组人员含泪挥手告别。这时，地面上官兵的举手礼改成了欢呼雀跃，军帽、皮大衣接连被抛向空中。他们以这种特殊的方式欢送直升机上的首长和战友们。当神圣和敬慕之情油然而生时，才知道那就是被称为"雪海孤岛"的红山嘴边防连。

海拔4374米的友谊峰仁立在中、俄、蒙三国交界处。到了那里后，直升机有些"缺氧"，个别乘员也出现了头晕、恶心的症状，但注视的目光依然犀利。直升机飞行的高度弥补了"这山望着那山高"的缺憾。回头再看祖国的大好山河，真是太美了：冰川雄伟壮观，群山环抱，重峦叠嶂；雪山洁白如玉，银光闪闪，广袤壮美，神奇多彩。偶尔，两只盘羊蹿入视野。面对天空飞来的"大蜻蜓"，它们没有惊恐万状，而是像哨兵一样行着注目礼。

"谁知西域逢佳景，始信东君不世情。圆沼方池三百所，澄澄春水一池平。"雪中的喀纳斯，依然配得上元代耶律楚材的赞美。状如弯月的湖面银装素裹，两岸密布的林木如半坡水墨。虽然没有碧波荡漾，也不见"云海佛光"、"浮木长堤"和"湖怪"等胜景，却呈现出一股男性的力量，尽显北国风光之雄浑。

中午时分，炊烟拉开一层薄幕，罩着白哈巴村。几分风景，几分神秘，在雪盖的木屋里徘徊。骑马的图瓦姑娘用大红大绿把雪色装点得分外妖娆。哨楼上，两名哨兵守着高倍望远镜，目光放在阿克哈巴河顺流的方向，将祖国的尊严装在心里。

从叠嶂的山峦缓降，中哈边境出现了几丝春意。田间不时有边民在劳作。农家肥一堆一堆地分布在条田里，再由人工撒到田间，空中看去，就像一片片绽放的花朵，只有这时，牛粪与鲜花才会相提并论。

"快看，国门到了！"不知是谁的嗓门儿压过了直升机的轰鸣。顺着窗口望去，本次巡逻的最后一站吉木乃到了。口岸对面，过关的车辆排成了长龙。"中华人民共和国"七个大字熠熠生辉。国门屹立在口岸，也屹立在每个人的心中，神圣而庄严！